JN145918

法律格言釋義

大日本新法典講習會 編纂
明治三十四年再版

法律格言釋義

日本立法資料全集 別巻 1144

信山社

大日本新法典講習會編纂

法律格言釋義

大日本新法典講習會藏版

序

日夜孜々として學び、春秋汲々として修むべきもの、世元より尠しとせず。然れども、吾人の世に處するに當り、一應の心懸なかるべからざるは、蓋し一般法理の大樣なるべし。人或は一行の過ちにして囹圄の囚と爲り、片言の失にして斷頭の鬼と化す。法理に盲なる亦可哀なり。されど、法の全豹を窺ひ、律の蘊奥を究むるは、斯道專門の士と雖も容易とする所に非らず、況んや其他に於てをや。千條萬律の典籍、之を諳ずる素より難しと雖も、其大則に通ずれは亦以て自ら禦るに足れり。余輩茲に古より行はるゝ格言及今に用ゐらるゝ大則二百餘則を類聚し、之に簡單なる說明を加へ、以て短本を編綴す。是亦自らを禦るの外なきのみ。

明治三十三年中秋

班嶺識

目次

第一章　國法門

目次

第二章　私法門

目次

目次

第四章　訴訟門

第五章　國際法門

第六章　解釋門

第七章　立法門

目次終

法律格言釋義

大日本新法典講習會編纂

第一章　國法門

◎君主ハ神聖ニシテ侵ス可ラス

神聖不可侵ハ君主ノ尊嚴ヲ保持スル所以ニシテ法律上凡テ無責任タルノ謂ナリ凡ソ法律上責任ヲ負フモノハ必ス之ニ義務ノ伴フモノニシテ責任彌々大ナレハ從テ義務益々大ナリ然レ𪜈君主ニハ此一般ノ法理

ヲ適用スルコト能ハス蓋シ君主ハ臣民群類ノ表ニ在リ欽仰スヘクシテ干犯スヘカラス而シテ法律ハ君主ノ制定セラルヘキモノニシテ法律自ラハ君主ヲ言議スルコト能ハサルナリ我憲法第三條ニ於テモ「天皇ハ神聖ニシテ侵スヘカラス」ト規定セラレ、君主ニハ凡テ何等ノ責任ナキコトヲ明カニセラレタリ、卽チ君主ハ刑事上民事上並ニ政治上些ノ責任ヲ負ヒ玉フコトナキナリ、

◎君主ハ死セス

生者必滅ハ天地ノ理法ヨリ羽化登天ノ仙客ト雖モ時

トシテ五衰ノ禍ヲ免レス若シ夫レ君主ヲシテ單ニ生アル人ト云フ點ヨリ之ヲ見レハ固ヨリ吾人ト共ニ死滅ノ期ヲ有スルモノナリ然レ𪜈國法學上君主ト稱スルハ此意味ニ於テ云フニアラス君子タル無形ノ資格ヲ稱スルナリ而シテ此資格ハ永世間斷ナク繼續スヘキモノニシテ實ニ瞬間モ空虛ナルコト能ハス即チ君主崩御セラルヽトキハ皇嗣直チニ踐祚シ皇位ハ其儘斷絕シタルコトナシト看做サルヽナリ而シテ其即位ノ禮若クハ踐祚或ハ單ニ即位ヲ表彰スルニ止マリ決シテ主權ヲ授受スルノ形式ニ非ラサルナリ此格言ハ

卽チ之ヲ意味スルナリ歐州ノ慣習上或ハ新ニ卽位スル君主ハ憲法ニヨリ宣誓ノ式ヲ行フコトヲ要ストスルモノアリ然レ圧是亦一ノ儀式タルニ止マリ其宣誓ノ有無ハ卽位ノ效力上毫モ差異アルコトナキナリ去レハ憲法法律其他總テノ法令ハ帝位ノ繼承ニ因リテ其效力ヲ變更スルコトナシ卽チ君主其人ヲ變更スルモ法理上ニ於テハ同一人ト看做シ從來ノ法律命令ハ總テ新君主ヨリ發布シタルト同一ノ效力ヲ有スルモノトス我國ニ於ケル皇位ノ繼承モ亦此理論ト異ナラス乃チ皇位ハ萬世一系ノ皇位之ヲ繼承ス其皇統トハ

創祖ノ正統ヲ受クル血統ヲ云フモノニシテ創祖ノ血統ニアラザレハ皇統ニアラス皇統ニアラサレハ皇位ニ卽クコト能ハス如此萬世一系相承ケ以テ皇位ヲシテ天地ノ窮リナキニ准シ給フモノナリ

◎君主ノ上ニ人ナシ

君主ハ一國ノ主權者ナリ、主權ハ萬能、無制限ノ權力ニシテ他ニ肘制セラルヘキモノニアラス若シ之ニ反シ他ニ制限セラルヽモノトセハ是レ國法學上ノ所謂主權ニアラサルナリ君主ノ上ニ人ナシトノ格言ハ此國法學ノ原因ヲ明ニシタルモノナリ

◎君主ハ名譽ノ淵源ナリ

何故ニ君主ハ名譽ノ酬源ナルカト云フニ爵位勳章其他ノ稱號換言スレハ國民ノ榮典トシ奉ル所ノモノハ君主カ之ヲ禮遇スルニ由テ生シ得ヘケレハナリ是等ノ稱號ハ敢テ國民ノ階級ニアラス一ノ榮典ニ外ナラサルカ故ニ其榮典ヲ被リタル特定人ノ權能ヲ增減スルモノニアラス貴族平民ノ稱ノ如キ亦此類ナリ、我國大古「加婆稱」ヲ以テ貴賤ノ別ヲ爲シ後推古天皇ノ冠位十二階ヲ定メラレシヲ始メトシ天武天皇ノ四十八階ノ法等、榮典授與ハ皆歷朝天皇ノ大權ニテアリシ

ナリ故ニ我憲法ニ於テモ其第十五條ニ「天皇ハ爵位勳章及其他ノ榮典ヲ授與ス」ト規定セラレタルナリ

◎君主ニ非行ナシ

是レ君主ノ行爲ニハ法律上何等ノ制裁ナシト云フニアリ君主ト雖モ事實上或ハ背德ノ行爲聊カナシト云フ能ハス然レトモ一國統治上ノ理由ニヨリ君主ノ行爲ハ例令事實上背德非行アリトスルモ法律ハ視テ以テ犯權意務ノ行爲ト爲サヽルナリ既ニ之レヲ法律違犯ノ行爲トセス即チ君主ニ非行ナシト云フ所以ナリ

◎君主ノ心意ハ法律ノ心意ト合同スルモ

ノト推測ス

東西諸國各々立法ヲ各ニスト雖トモ所謂君主國ニ於テハ概子君主ノ命スル處是レ法令ナリトスサレハ法律ノ精神ヲ知ランニハ先ツ重キヲ君主ノ嚮背如何ニ置ク夫レ行爲ハ心意ヲ推測ス故ニ君主ノ行爲ヨリ其心意ヲ推測シ其心意ヨリ法律ノ心意ヲ推測スルコトヲ得ヘシ

◎時ノ經過ハ君主ノ權利ヲ妨ケス

凡ソ權利ヲ有スルモ曠日彌久之ヲ行使セス所謂權利ノ上ニ常ニ眠リ居ルトキハ法律ハ公益上ノ理由ヲ以

テ其眠レル權利者ヲ保護セス却テ其權利ヲ喪失セシムルノ不利ヲ來サシム法律ノ所謂時效ナルモノ即チ是ナリ然レトモ時効制ハ概子私法上ノ財産權ニ止マルモノニシテ素ト法律ノ規定ヲ待テ後然ルモノナリ然ルニ君主ハ法律ヲ制定シ超然トシテ其上ニ照臨スルモノニシテ法律ノ支配ヲ受クルモノニアラサルカ故ニ君主固有ノ大權ハ法律ノ結果ニ基ク時効ニ因テ障礙セラレサルナリ

◎攝政ハ不完全ナル皇位ノ繼承ナリ

此言ハ獨逸ノ「グルベル」氏ノ唱導シタル處ニシテ攝政

ナルモノ、法律上ノ性質ヲ形容シタルモノナリ凡ソ攝政ナルモノハ君主ニ故障アル場合ニ於テ之ニ代リ統治ノ大權ヲ行フモノナリ我憲法ニ於テモ攝政ハ天皇ノ名ニ於テ大權ヲ行フトアリテ攝政ハ自已ノ權力ヲ行フモノニアラスシテ天皇ノ權力ヲ行フモノナリ卽チ統治權ノ本躰ハ天皇ニアリテ其作用ハ攝政ニ存スルモノトス故ニ此場合ニ於テハ天皇ト攝政ト相合シテ一躰ト爲リ以テ皇位ヲ組織スト云フモ不可ナキナリ國家ニ攝政アルハ變例ニシテ之レナキヲ以テ本則トナス卽チ法律上ヨリ之レヲ言フトキハ攝政ノ行爲ハ卽チ天皇ノ行爲タリ然レトモ天皇ト攝政トノ關係ハ民法上ノ代理干係ノ如キモノニ非ラスシテ單ニ事實上ノ關係タルニ過キス攝政ハ決シテ自己ノ名ヲ以テ權力ヲ行フコトヲ得ス故ニ攝政ハ天皇ノ代理人ナリト說明スルカ如キハ誤謬ノ甚シキモノト謂ハサル可ラス攝政ト天皇トノ間ニハ約束若クハ法定ノ關係アルニ非ラス攝政ハ事實上天皇躬ラ政務ヲ行フコト能ハサル場合ニ於テ天皇ノ名ニ於テ大權ヲ行フ機關タルニ過キス攝政ノ行爲ハ法律上之レヲ天皇ノ行爲トナシ之ヲ代理人ノ行爲トナサヽルカ故ニ其結果

攝政ノ行爲ハ權限ニ超越スルト謂フカ如キコトナク又其行爲ニ付キ天皇カ成年ニ達シタルトキ若クハ故障ノ止ミタル後之ヲ追認スルト云フカ如キ必要ナシ之レヲ概言スレハ攝政ノ制度ハ皇室ノ家法ノ規定ニシテ嚴格ニ法理上ヨリ之ヲ論スルトキハ攝政ハ皇位外ニ別物トシテ之ヲ認ムルノ必要アリ卽チ天皇ト攝政トカ相合シテ皇位ノ觀念ヲ爲スモノニシテ二者之ヲ分割スヘカラサルモノタリ是此格言アル所以ナリ

◎國家ハ固有ノ統治權ヲ有ス

國家ナル語辭ハ或ハ有形ナル團体ヲ指示スル場合ア

リ此主義ニ從フトキハ國家トハ卽チ土地及人民ヨリ成立スル所ノ共同團体ヲ云ヒ又或ハ無形ナル權力ノ主體ヲ名ケテ國家ト稱スルアリ此主義ニ依レハ國家トハ主權ノ本體ノ義ニ外ナラス而シテ此等二個ノ說明ハ互ニ相矛盾スルニ似タリト雖トモ決シテ然ラサルコトハ猶ホ人ト云フ觀念カ有形ノ人ヲ指スト同時ニ又權利ノ主體タル無形ノ人格ヲモ示スト同一般ナリ而シテ此國家ト地方團體トヲ區別スルノ標準ハ專ラ固有ノ統治權ヲ有スルト否トニアリテ存ス卽チ國家ハ法ニヨリテ始メテ與ヘラレタル處ノモノニ在ラ

サル固有ノ權力ヲ有ス然レ𪜈地方團体ハ法ニヨリテ始メテ權力ノ主體ト認メラレタルノ差アリ

◎保護ハ服從ヲ生シ服從ハ保護ヲ生ス

凡ソ臣民タルモノハ絶對無限ニ國權ニ服從スヘキモノタリ完全ナル服從ト完全ナル權利ノ享有トハ臣民タル資格ニ相伴フモノトス即チ臣民ハ絶對的ニ服從スヘキモノナルカ故ニ從テ完全ナル國法ノ保護ヲ受クルコトヲ得絶對服從ト完全ナル權利ノ享有トハ富ニ相牴觸セサルノミナラス相共ニ並存スヘキモノタリ茲ニ絶對トハ一定ノ範圍ト程度トヲ限ルコトナキ

ヲ云フ換言スレハ國權カ人民ニ臨ムニ附キ限度ナキコトヲ云フ又絕對トハ無條件ナルコトヲ意味スルモノナルカ故ニ契約ニ因テ服從スルカ如キハ是レ絕對ノ服從ニアラス人民ナル資格ハ決シテ契約ニ因テ成立スルコトナク同ク國家カ强制スル處ノ力ニ基クモノトス一時歐洲ニ在リテハ國家ハ契約ニ因テ成立セルモノナリトノ說行ハレタリ歷史的ニ觀察スレハ封建ノ制度ニ於ケル君主ノ關係ハ契約ニ因リテ生スルモノト謂フヲ得ヘシ又近世佛國人等ノ理論トスル處ニ依レハ人類ハ元來平等ナルモノニシテ其間ニ服從

ノ關係アルモノニアラス然ルニ其平等ナル人類相約シテ自巳ノ權利ヲ放棄シ以テ或ル特定ノ人ニ服從スルニ因リテ主權ト人民トノ關係ヲ生スルモノナリトス即チ國家ハ契約ニ因リテ成立スルコト恰モ各人カ社會團体ヲ組織スルカ如ク自由意思ヲ以テ服從者タルノ地位ヲ甘スルモノナリト云フニ在リ然レトモ國約又ハ民約ノ說ハ啻ニ實際上ノ事實ニ適合セサルノミナラス主權ノ性質ニ背馳スルモノタリ若シ夫レ此說ニシテ正當ナリトセンカ主權ハ國民ノ意思ニ反シテ强制力ヲ有スルノ道理ナキニ至ラン故ニ近世ニ至

リテハ學說トシテモ亦憲法上ニ於テモ契約說ヲ採用スルモノ之アルコトナシ如此臣民ハ國權ニ對シテ飽マテ服從セサル可ラス而シテ國權ナルモノハ臣民ノ身体財產ヲ保護スルノ力ナレハ臣民カ君主ヲ敬愛スルノ至情ハ服從ニ由テ愈々深厚ナリ又國權ハ獨立シテ我版圖ノ上ニ行ハレ外國ノ權力ノ侵犯ヲ防クカ故ニ帝國ノ版圖ハ恰モ臣民ノ住宅ノ如ク國民ハ之ヲ其安宅トシテ國家ヲ思フノ念卽チ愛國ノ精神ハ益々熾盛トナルナリ伊勢は津て持つ津は伊勢て持つトノ俚諺ノ如ク臣民ノ服從ト國家保護トハ相互ニ圓滿ナル

國家ノ組織ヲ爲スモノナリ

◎政体ノ變更ハ國家タルニ妨ケナシ

國家内部ノ改革ハ一國政治上乃至國家法上ノ問題ニシテ國際法上ニ關係アルコトナシ例ヘハ現在ノ王室變更スルモ或ハ貴族政治變シテ君主政治トナルモ共和政治變シテ獨裁政治トナルモ將タ亦獨裁政治變シテ立憲政治トナルモ之ヲ國法上ノ眼中ヨリ見レハ均シク同一ノ國家ニシテ外國ハ之カ爲メニ其國ニ對シテ從來ノ權利義務ヲ變更スルコトヲ得ス

◎人ハ本國ニ對シ忠順タルヘシ

東西古今苟クモ一國タルニハ上ニ權力アリテ下萬民ヲ保護シ以テ一國ヲ維持ス而シテ其保護タルヤ臣民ノ從服ナクンハ其實ヲ擧クル能ハスサレハ臣民ノ本國ニ對シ忠順ナラサル可ラサルハ一國組織ノ必要上强制セラルヘキモノナリ

◎主權ハ何事ナモ爲シ得サルモノナシ

多數人集合シ一團体ヲ組織スト雖トモ上ニ主權テフ一定ノ權力アリテ之ヲ支配スルニアラスンハ未タ目シテ國家ナリト云フヲ得ス主權ナキ團体ハ單純ナル社會ニ外ナラス國家ニ在リテハ主權ハ實ニ其生命ヲ

爲スモノナリ而シテ主權ナルモノハ各國ノ歷史ノ異ナルニヨリ外形ニ表現セラルヽ有樣ヲ異ニス或ハ人民ノ一階級ニ屬シ他ノ階級民族ヲ制御スルコトアリ又或ハ唯一特定ノ人ニ屬シ君主トシテ之ニ臨ムコトアリ又或ハ無形ノ團体其モノカ主權者タルコトアリ其何レニヨリテ主權ヲ表彰スルヲ問ハス主權力ナルモノハ恒ニ絕對ニシテ無制限何事ヲモ爲シ得ヘキモノトスルハ法理ノ觀念ナリトス

◎公法ハ權力干係ナリ私法ハ權利干係ナリ

法ヲ分テ公法私法ト爲スノ區別ハ遠ク羅馬ニ始レリ爾來法ノ公私ヲ區別シテ説明スル學者甚タ多シト雖モ學説未タ一定セス試ニ其學説ヲ擧クレハ左ノ如シ

第一説　公法トハ公益ニ干スル法ヲ云ヒ私法トハ利益ニ干スル法ヲ謂フ

第二説　公法トハ國家ト國家若クハ國家ト一私人トノ干係ヲ規定スル法ヲ謂ヒ私法トハ一私人相互ノ干係ヲ規定スル法ヲ謂フ

第三説　公法トハ權力ノ干係ヲ規定セル法ヲ謂ヒ私法トハ權利ノ干係ヲ規定セル法ヲ謂フ

以上三說ノ內方今最モ完全ナルモノトシテ尊重セラルヽ說ハ第三說ナリトス而シテ其所謂權力干係トハ國家ト人民トニ於ケル權力服從ノ干係ヲ云ヒ權利關係トハ箇人相互ノ間ニ於ケル平等ノ干係ヲ云フナリ

◎議會ハ議決スルモノニシテ命令スルモノニアラス

一國ノ議會ハ國家ノ立法機關ニシテ國家生存ノ境域ニ干スル事項ヲ議決スル所ノ府ナリ卽チ他ノ行政府ノ如ク外部ニ之ヲ發表シ以テ民人ニ汎ク命令スルモノニアラス是議會ト他ノ官府トノ區別セラルヽ特徵

タルナリ

◎院內ニ於ケル議員ノ發言ハ院外ニ於テ責任ナシ

各議員ヲシテ各自隨意ニ凡百ノ國政又ハ有司ノ進退ニ關スルコトヲ論議セシメサルトキハ議會制度ヲ設ケタルノ精神ヲ貫徹スルコト能ハサルナリ若シ夫レ議員ノ院內ニ於テ發言スル處ノモノ院外ニ於テ一々之ヲ責問セラルヘキモノトセンカ到底各自カ信スル所ノ意見ヲ完全ニ發表セシムル事能ハサル可シ是レ各國此制アル所以ナリ

◎議員ハ逮捕スヘカラス

議員ハ國家重要ナル政務ニ參與スルモノナレハ開會中ハ之ヲ逮捕スルコトヲ得サルハ各國ノ通例トス若シ夫レ議員ニ斯ル特權ヲ與ヘサランカ蓋シ或ハ政府カ自黨ニ不利ナル議員ノ出席ヲ妨害セント欲シ爲メニ犯罪ニ依ル逮捕ヲ名トシ若クハ反對黨カ謂ヘレナキ告訴告發ノ下ニ議員ヲ束縛スルカ如キ虞ナシトセサレハナリ

◎解散ハ議員ノ資格ヲ解ク

解散ナル語ニシテ通俗ニ之ヲ解スルトキハ或ハ集合

體ヲ解キ散ラスト云フ意味ニ採ルヘシト雖ドモ憲法ニ於ケル議院ノ解散ナル法語ハ斯ル意味ヲ有スルモノニアラス乃チ議會ヲ組織スル處ノ議員各個ノ資格ヲ其任期滿了前ニ於テ消滅セシムルコトヲ云フナリ換言スレハ解散ハ議員ノ資格ノ解除ナリ

◎信教ハ自由ナリ

何ヲカ信教ノ自由ト云フ或ハ曰ク宗教上ノ信仰ハ一種ノ心裡作用ニ外ナラス心裡ノ作用ハ内部ノ關係ナルヲ以テ法律ノ以テ論議スルコトヲ得サルモノニ屬ス故ニ信教ハ之ヲ自由ナリト云フニ在リト然レドモ其

説ハ未タ眞正ニ此格言ノ意味ヲ法理的ニ説明シタルモノニアラス

勿論論者ノ言フカ如ク信仰ハ内部ノ關係ナルヲ以テ法力ノ以テ之ニ干渉スル能ハサルハ言ヲ俟タス然ルニ茲ニ信教ハ自由ナリト云フハ只ニ此内部ニ於ケル信教ノ自由ノミヲ謂ニアラス己ニ外部ニ表ハレタル禮拜儀式教會演説及ヒ會堂設立等ノ自由ヲ指シテ云フナリ我憲法ニ於ケル法意モ亦如斯ト爲ス

◎人ハ裁判官以外ノモノヽ裁判ヲ受ケス

凡ソ家國ハ一國ノ平和ト民人ノ權利トヲ保持センカ

タメ裁判ナル統治機關ヲ設ケ總テノ訟爭ヲ審判セシム而シテ裁判官ハ同シク其權能ヲ主權者ヨリ與ヘラレタルモノナリト雖モ他ノ行政官ノ如ク他ニ肘制セラルヽモノニアラス卽チ不羈獨立ノモノナリ之ヲ司法權ノ獨立ト云フ斯ク司法權ノ獨立セシムル所謂ノモノハ公平無私ニ國民ノ權利ヲ保護セントスルノ法意ニ外ナラス故ニ立憲治下ノ臣民ハ此獨立ノ裁判官ノ裁判ヲ受クルノ外他人ノ裁判ニ甘ンスルノ義務ヲ有セサルナリ

◎信書ノ秘密ハ侵ス可ラス

吾人ニ信書ノ秘密ヲ保ツコト能ハサランカ社交的生活ハ一日モ安全ヲ得ンコト覺束ナシサレハ國家ハ一封ノ郵書ナルト半片ノ端書ナルトヲ問ハス苟クモ信書タル以上ハ他ノ開封洩先スルノ途ヲ塞カサル可ラス何レノ國ニ於テモ信書ノ秘密ハ國民ノ保護セラルヽ所ノモノタリ

◎人ハ思想發表ノ自由ヲ有ス

人ノ内部ノ思想ハ法規ノ干渉スル限リニアラス思想ハ固ヨリ各人ノ隨意ニ屬ス唯思想カ外部ニ發表スルトキニ於テ始メテ法律上ノ目的物トナル而シテ吾人

ハ法規ニ牴觸セサル範圍內ニ於テハ此思想發表ノ自由アルモノトス

◎所有權ハ侵ス可ラス

人ノ自由ハ唯其身体運動又ハ精神ノ作用ノ保護ノミヲ以テ未ダ安全ナリト云フヲ得ス抑モ人ノ自由ヲシテ完全ナラシメンニハ財產殊ニ所有ノ保護ヲ必要トス而シテ國家ハ之ニ關シ二種ノ義務ヲ負フ一ハ卽チ一個人間ニ所有權ノ侵害アリシトキ之レヲ保護スヘキ義務ナリ他ハ卽チ國家自ラモ隨意ニ臣民カ所有ノ自由ヲ侵害セサル義務ナリトス個人モ亦妄リニ他人

ノ所有ヲ侵スノ權利ナキハ勿論ナリ

◎人ハ移轉ノ自由アリ

吾人々類ハ生死ヲ常ニ一處ニ於テスル彼ノ木竹ノ類ニアラス其欲スル所ニ從テ居住スルノ自由ナカル可カラス此格言ハ實ニ誣フヘカラサル自然ノ條理ニシテ我國法ニ於テモ之ヲ認メタルナリ然レトモ往時德川幕政ノ下ニ在リテハ外國ノ渡航ハ之ヲ禁シ國々ニハ各關所ヲ設ケ甚シク此自由ヲ制限セリ然レトモ近世ノ國法ハ一般ニ此自由ヲ認了シタルカ故ニ國家ハ謂レナク其臣民ヲシテ强テ移轉セシメ又ハ移轉セサ

ラシムヘカラス

◎婦人ハ公職ニ任セス

何レノ國々ニ於テモ政權參與ハ全ク男子ノ獨專ニ屬シ婦女ノ容喙スル所ニアラサルナリ葢シ如斯ナリシハ歴史的因襲ト現實的勢力ノ恒ニ女ハ男ニ劣ルモノアレハナリ然レトモ女子ハ凡テノ公務ニ就クコト能ハスト云フニ在ラス教官タル如キハ婦女ヲ以テスルアリ又外國ニ於テハ婦女ヲシテ辯護士タルコトヲ得セシムル例已ニ存セリ

◎人ハ權利ノ主体ナリ

現今歐洲諸國ノ法律ニ於テ「ベルソナ——」persona ナル文字ハ權利ノ主体ヲ意味シ大抵ノ場合ニ於テハ人ヲ指稱スルニアリ今羅馬法ニ於テ「ベルソナ—」ナル文字ハ如何ナル意味ヲ有スルカヲ窺フニ蓋シ羅馬法ニ於テハ之ヲ二義ニ用ヒラレタリ即チ一ハ無形ノ人格ト云フニ該當ス(父死スルトキハ其「ベルソナ—」ハ子ニ移ル)トハ羅馬人ノ往々口ニスル處ナリ其二ハ有形上世俗ノ所謂人テウ意味ヲ有ス此意味ニ從フトキハ奴隸モ亦「ペルソナ—」ナリトス元來羅馬法ニ於テハ奴隸ハ權利ノ主体ニアラスシテ其目的物ナレハ人ハ奴隸

ヲ所有シ得ヘク奴隷ハ私法上ノ權利ヲ享有スルコトヲ得サルモノト爲シタリ然レ圧奴隷ハ羅馬法ノ所謂人タルニハ相違ナカリキ如斯「ペルソナー」ナル文字ハ現今歐洲諸國ノ法律ニ用ヒラルヽ意義ト羅馬法ニ用ヒラルヽ意義トハ大ニ異ナル所アリト雖圧後世ノ注釋家カ羅馬法ヲ解釋シツヽアル間ニ遂ニ權利テウ觀念ヲ充分ニ發達セシメ之ト同時ニ「ペルソナー」ナル文字モ亦權利ノ主体テウ意味ヲ有スルニ至レルモノトス而シテ中世時代ニ於テハ奴隷制度次第ニ廢セラレタルカ故ニ人ト云フ片ハ通常權利ノ主体ヲ意味シ權

利ノ主体ト云フトキハ直チニ人ヲ指スコトヽ爲リテ益々「ペルソナー」ヲ以テ權利ノ主体ト爲ス觀念ヲ牢固ナラシメタリ古昔ノ法典ニ於テ人ノ人タルニハ斯々ノ生理上ノ條件ナカル可ラスト定メタルモノアリシカ近世ニ於テハ苟モ人類ノ生ム處ノ同胞タル以上ハ如何ナル怪見不具ト雖モ人タルニ於テハ毫モ妨ケナキモノトス我民法ニ於テモ其開卷第一條ニ於テ人ハ凡テ權利ノ主体タルコトヲ認メナカラ其人タルニ要スル生理上ノ條件ヲ定メサル所以ノモノハ蓋シ近世ノ定說ニ基キタルモノナリ

第二章　私法門

◎利益ニ干シテハ胎兒モ亦權利ノ主体トナル

法律上人ト稱センニハ既ニ母胎ヲ離レテ生活スルモノナラサル可ラス故ニ胎内ノ兒ハ未タ人格ヲ有セス從テ權利ノ主体トナルコトヲ得ス然レ𪜈早晩出產シテ人格ヲ有ス可キモノナレハ之カ利益ヲ保護スル點ニ於テハ既ニ生レタルモノト同一視セサル可ラス例ヘハ相續權損害要償權等ヲ得セシムル場合ノ如シ

◎法人モ亦權利ノ主体ナリ

凡ソ法律上人トハ生命アル吾人人類ノミナラス或ル團体ヲモ亦之ヲ人ト爲ス前者ヲ自然人ト云ヒ後者ヲ法人ト云フ而シテ其權利ノ主体タル點ニ付テハ二者同一ナリ法人トハ法律ノ作リタル無形人ニシテ例ヘハ國、市、町、村若クハ會社ノ如キ是レナリ之等ハ其名義ニ於テ權利ヲ享有スルコトヲ得可キナリ

◎死シテ生レタル兒ハ未タ生レサルニ均シ

事業上ニ於テハ人ノ生レタルコトヽ未タ曾テ生レサ

ルコト丶ハ二者反對ノ現象ニシテ固ヨリ兩立スヘキ事項ニアラサルナリ然レトモ之ヲ法律ノ眼孔ヨリ看レハ血淸旣ニ冷ヘ脈搏旣ニ絕ヘテ母胎ヲ脫離シタルモノハ未タ人格ヲ以テ俟ツコトヲ得ス盖シ法律上所謂人格ヲ成スニハ現在生存スルト否ラサルトヲ問ハス兎ニ角一タヒハ世界ノ空氣ヲ呼吸シ例令瞬間ナリト雖トモ世上ニ生存シタルノ事實アルモノナラサル可ラス換言スレハ始メヨリ生命ナキモノハ法理上ノ人トシテ認ムルコト能ハサルナリ故ニ死シテ生レタル者ハ未タ曾テ生マレサル者ト聊カ異ナルコトナシ

而シテ胎內ニ存在スル兒カ嘗テ利益ヲ享有セルコトアルモ出生ニ當リテ生活シテ母胎ヲ離レサレハ當初ヨリ人格ヲ有セサルコトヽナル可シ

◎人身ハ評價ス可ラス

羅馬法ニ於テハ奴隸ノ生命ハ評價スヘキモ自由民ノ生命ハ評價ス可ラスト爲シタリ故ニ中世歐洲大陸ニ於テハ人身ヲ保險ニ附スル契約乃チ所謂生命保險ヲモ全ク不適法ノモノト爲シ之ヲ嚴禁スルニ至レリ佛國王「ルイ」第十四世ノ如キハ特ニ法令ヲ以テ生命保險ヲ嚴禁シタルカ如キ其一例ナリ其理由ニ曰ク「凡ソ自

由民ノ生命ハ奴隷ノ生命ト異ナリ金錢以上ニ位シ随テ生命保險ヲ許サンカ自由民ノ品格ハ墮落シテ奴隷ト選ム所ナキニ至ルヘシ」ト云フニアリ蓋シ古來保險ハ凡テ被保險利益卽チ金錢上ノ利益ヲ必要トナシ生命保險モ亦其要件ヲ欠クベカラ｜サルモノト爲シタルカ故ニ金錢ヲ以テ自由民ノ生命ヲ評價スルノ批難ヲ生スルニ至リタルモノナリ如此格言ヲ生シタルハ素ト宗教道德ヨリ來リタルモノニシテ今日ハ汎テ社會ノ利益ヲ增進セシムルヨリシテ人身モ尚ホ評價シ得ヘク從テ生命保險ヲモ認ムルコトヽナレリ

◎公ノ秩序ニ反スル目的ノ法律行爲ハ無効ナリ

凡ソ法律行爲ハ可能ナル以上ハ當事者ノ意思ニ依リ如何ナル目的ヲ有スルモ之ヲ許スヲ原則トスト雖モ而カモ國家生存ノ必要上公ノ秩序ニ反シ又ハ善良ノ風俗ニ反スルカ如キ事項ヲ目的トスル法律行爲ハ無效ナリトス而シテ其公ノ秩序ニ反スル事項ヲ目的トスルヤ否ヤハ裁判官ノ認定ニアリ裁判官ハ其行爲ノ全体ヲ觀察シ公ノ秩序ニ反スルモノナルトキハ絶對的ニ之ヲ無效トシ法律上何等ノ效力ヲモ認メサルナ

リ

◎法律ニ反スル事柄ト雖トモ公ノ秩序ニ關セサルトキハ有効トス

法人ノ規定ニ二種アリ一ヲ强行法ト云ヒ一箇人ノ私意ヲ以テ之ヲ左右スルコトヲ許サス他ノ一ヲ聽任法ト云ヒ一箇人ハ別段ナル意思ヲ表示シテ其適用ヲ免ルヽヲ得故ニ法律ニ反スル行爲ト雖トモ强行法ニ反スルトキハ勿論無效ナリト雖トモ聽任法ニ反スル場合ハ然ラス吾人ハ自由ニ之ニ從ヒ若クハ之ニ反スル事ヲ得而カモ其行爲ハ有效ナリトス

◎期限ハ債務者ノ利益ノ爲メニ定タルモノト推定ス

法律行爲ニ期限ヲ附シタル片ハ債務者ハ其期限ノ到來スル迄履行スルヲ要セス又終期ヲ附シタルトキハ其到來ニヨリテ債務ヲ免ルヘキモノナルカ故ニ普通期限ハ債務者ノ利益ノ爲メニ附歎シアルモノト看做スモノナリ

◎從ハ主ニ從フ

此格言ハ法律上到ル處ニ適用セラレ大ニ利便ヲ供スルモノナリ凡ソ法律上ノ權利ニシテ自ラ獨立シテ存

在スルモノナリ否ラサルモノアリ即チ他ノ權利ニ附隨スルニ非スンハ存在スルコトヲ得サルモノアリ前者ハ之ヲ主タル權義ト云ヒ後者ハ之ヲ從タル權義ト云フ今其例ヲ物權ニ借ランニ所有權ハ他ノ權利ヲ待タスシテ獨立スルモノナルカ故ニ主タルモノニシテ質權及ヒ抵當權ハ常ニ債權ニ附隨シテ生死スルカ故ニ從タルモノナリ如斯主從ノ關係ハ獨立スルト附隨スルトニヨリテ區別セラルヽモノナレハ主タル權義ノ處分ハ其從タル權義ニ當然影響ヲ及ホスモノトス我民法ニ於テモ其總則ノ部ニ於テ主物從物ノ關係ヲ

明カニシ從物ハ主物ノ處分ニ隨フトノ規定ヲ設ケタリ

◎行爲ハ意思ヲ表ハス

意思ハ心裡ノ作用ニヨリ腦裡ニ伏在スルモノナレハ未タ外部ニ發表セサル間ハ其如何ヲ知ルコト能ハス然レトモ一旦行爲トナリテ表ハレタル以上ハ行爲其モノヽ上ヨリ推究シテ以テ意思ノ有無及善惡如何ヲ決セラルヽモノトス行爲ハ意思ノ結果ナリ行爲ハ意思ヲ推測ス等ノ格言亦同シ

◎人ハ行爲ニ因テ責任ヲ生ス

吾人ハ緘默トシテ何事ヲモ爲サヽル以上ハ何等ノ責任ナキヲ以テ原則トスト雖トモ一旦意思ヲ表示スルカ若クハ或ル事ヲ爲ス以上ハ之ニ因テ法律上ノ責任ヲ生ス可シ例令ハ人ニ向テ物ヲ贈與ス可シト云ヘハ之ニ因テ贈與ノ義務ヲ生シ道路ニ遺失シアル物品ヲ拾得セハ之ニ因リテ其物品ヲ管理スルノ責任ヲ生スルカ如シ

◎生活ノ中心ハ住所ナリ

生活ノ中心點ハ吾人業務ノ中心ニシテ又利害ノ燒點ナリ故ニ羅馬法以來今日各國ノ法制ニ至ル迄之ヲ以

テ住所地ト爲スハ殆ト一致スル處ナリ抑モ住所ハ法律上諸種ノ點ニ於テ極メテ重要ノ干係ヲ有スルモノナリ例ヘハ普通裁判籍ハ住所ニ據リテ定メ營業登記ハ當事者ノ住所ノ裁判所ニ於テ之ヲ爲ス等ノ如シ

◎住所ハ一ニシテ二アル可ラス

吾人ノ住所ハ唯一ニシテ二アルヘカラサルヲ以テ住所其モノヽ本來ノ性質トナス蓋シ業務ノ中心トシ生活ノ本據トスル場所ハ數個アルヘキ筈アラサレハナリ

◎各人ノ家宅ハ其城廓ナリ

出テハ役々トシテ業務ニ從事シ入テハ一家團欒終日ノ苦ヲ忘ル實ニ家宅ハ吾人ノ樂園ナリ外人ヲシテ妄リニ此樂園ヲ侵サシム可ラス天日ヲ隔離スル彼ノ戰國時代ノ城壘ハ以テ容易ニ他ノ侵犯ヲ受クルコトナキト等シク若シ故ナク之ニ侵入ズルモノアラハ干戈ニ代ユルニ法律ハ之ヲ俟ツニ刑罰ノ制裁ヲ以テス是レ吾人ノ家宅ハ城廓ナリト云フ所以ナリ

◎身分ヨリ契約ニ進ム

身分關係ヨリ契約關係ニ進ミタルハ實ニ社會進歩ノ一現象トナス此問題ハ專ラ沿革法理學ノ範圍ニ屬ス

ルチ以テ玆ニ之ヲ詳述スルコト能ハストモ今其大要ヲ說明セン古代ノ社會ニ於テハ現今ノ如ク吾人ノ自由ヲ尊重スルノ念慮甚タ乏シク東西何レノ邦國ヲ問ハス封建制度及ヒ家族制度並ヒ行ハレタルヲ以テ農工等ノ種類ニ屬スル人民ハ士僧ノ如キ種類ニ對シテハ相對抗スルコトヲ許サス家族ノ地位ニアルモノハ亦家長ニ對抗スルコトヲ許サレサリキ故ニ此事代ニ於テハ各人間ノ關係ハ各人ニ屬スル身分ノ關係ニシテ其身分ヲ有スルモノニアラサレハ何等ノ行爲ヲモナスコトヲ得ス而シテ此等ノ身分ヲ有スルモノ

ハ法律上極メテ廣汎ナル權利ヲ有スルト同時ニ劣等ナル身分ヲ有スルモノハ殆ント何等ノ行爲ヲモ爲スノ自由ヲ有セサリシナリ如斯時代ニアリテハ契約スル行爲ノ實行ハ極メテ乏キヲ以テ古代ノ法律ニ於テハ身分ニ關スル法律最モ重要ナル位地ヲ占メ契約ニ關スル法規ハ輕視セラレタリ然ルニ社會漸ク進歩スルニ從ヒ各個人ノ自由ヲ尊重スルノ念慮ヲ生スルト同時ニ身分ノ尊重ニヨリテ權利義務ノ關係ヲ異ニスルノ風習ヲ打破シ法律ノ前ニ於テハ各個人ハ皆對等ノ地位ニ立ツコトヲ得ルニ至レリサレハ其相互ノ干

係ハ自由意思ノ發動タル契約ニ基キテ定ムルニ至ルヘキハ亦自然ノ趨勢ナリトス是レ契約法ハ近時重要視セラルヽ所以ナリ

◎契約ハ自由ナリ

法律上契約ハ二個以上ノ人カ相互間ニ於テ私法上ノ效果ヲ生セシムル目的ヲ以テ爲シタル意思表示ノ合致ナリ右ハ契約ノ數甚タ少ナクシテ亦甚タ種々ナル制限ヲ設ケタリ然レモ社會ノ進歩スルト同時ニ吾人ノ自由思想ノ發達ヲ來シ苟クモ其目的トスル處公安秩序ニ干セサル以上ハ自由ニ契約ヲ締結シ得ヘキモ

ノトス

◎契約ハ法律ト均シキ効力ヲ有ス

法律上吾人ハ平等ナリ故ニ其間ニ權利義務ノ關係ヲ認メスト雖トモ一旦進ンテ契約ヲ締結シタル以上ハ茲ニ始メテ平等ノ關係ヲ破リ權義關係ヲ發生ス而シテ其權義關係ヲ生スル所ノ契約ハ契約者間ニ於テハ吾人一般ニ法律ノ重ンス可キト均シク之ヲ尊重シ遵奉セサル可ラス是此格言アル所以ナリ

◎保險ノ航海ト船舶ノ航海トハ相關セス

是海上保險契約ニ關スル格言ナリ例ヘハ航海ヲ制限

シテ其間ノ危險ノミヲ保險ニ附シタルニ拘ハラス都合ニ依リ其保險スル航路ヲ超越シテ航海シタル場合如キ・保險者ハ其超過セル部分ニ關シテハ保險ナキ單純ナル船舶ノ航海ナレハ何等ノ責任ナキモノトスルカ如キ是ナリ

◎人ハ他人間ノ契約ニ羈束セラレス

凡ソ契約ハ其當事者間ニアリテハ法律ト均シキ効力ヲ有スルヲ以テ契約者ハ互ニ之ヲ遵奉セサルヘカラサルコト勿論ナリト雖トモ其契約ニ關係セサル第三者ハ之ニ因リテ何等ノ羈束ヲ受クルコトナシトス

◎各人ハ全部ノ爲メニ束縛セラル

是格言ハ連帶債務ニ關スルモノナリ卽チ數名連帶シテ一債務ヲ負擔シタルトキハ其各債務者ハ平分シテ其債務ノ一部ノミノ履行ヲ爲ストキハ卽チ可ナルモノヽ如シト雖トモ決シテ然ラス各人全部ノ履行ヲ爲サヽルヘカラサルナリ尤モ其全部ノ履行ヲ爲シタルモノハ他ノ共同債務者ニ對シ求償ノ權アルハ當然ナリ舊民法ノ下ニ在リテハ債權者ノ連帶所謂連帶債權ナルモノヲ認メタルカ故ニ此格言ハ此權ニモ適用セラレタリト雖トモ新民法ハ之ヲ認メサリシカ故ニ單

ニ連帶債務者ニノミ之ヲ適用セラルヘキナリ

◎爲替手形ハ文言ニヨリテ行ハル

是レ實ニ手形ニ關スル一大原則ナリ茲ニ所謂文言トハ英語ニテ「テノル」ト云ヒ手形券面ニ顯レタル文字ナリ卽チ手形義務者ハ其手形券面ニ記載セラレタル文字通リニ責任ヲ負フモノトス故ニ其手形ニ金千圓也トアレハ直ニ之ニ據テ千圓ノ義務ヲ負フト云フノ意ナリ手形上ノ義務ハ普通義務ト異ナリ文言通リニ責任ヲ負フコト右ノ如シ然レトモ此原則ハ之ヲ善意者間ニノミ適用スルモノナリ故ニ實際ノ義務ト手形

券面ニ記載セラレタル金額ト齟齬セルコトヲ知レル者ノ間ニ於テハ普通ノ原則ニ從フモノトス然ラスンハ手形證券ハ徒ニ高利貸ノ如キ者ノ不正手段ニ用ヒラルヽノ恐アルヘシ元來債權債務ノ關係ハ債權證書ニヨリ初メテ生スルモノニアラスシテ合意等ノ事實ニ依テ生スルモノナリ證書ハ唯ニ之ヲ證明スルノ方法ニ過キサルノミ故ニ手形上ノ義務ニ於テモ文言ト合意ト齟齬セル事實ヲ知ラサル者ノ間ニ於テハ文言卽チ合意ナレトモ之レヲ知レル者ノ間ニ於テハ合意ニ依テ責任ノ有無及程度ヲ定メサル可ラス何トナレ

ハ合意ハ責任ヲ定ムルノ根源ナレハナリ

◎賣主注意セヨ

此格言ハ英法派ニ於ケル買主注意セヨトノ格言トハ全ク正反對ニシテ羅馬法派ニ屬スルモノトス我民法モ亦之ヲ採用ス故ニ其結果トシテ目的物上ニ隱レタル瑕疵アルトキハ賣主ハ買主ニ對シテ擔保ノ責任ヲ盡サヾルヘカラス換言スレハ賣主ハ自已ノ危險ヲ以テ目的物ヲ賣渡スモノト云フヘシ此原則ノ因テ起リタル理由ハ蓋シ賣主ハ概シテ自已ノ所有物ヲ賣渡スモノナルヲ以テ其物ノ瑕疵ニ付テハ買主ヨリモ熟知ス

ルモノト推定セサル可ラス故ニ其瑕疵ノ危險ハ何人カ負擔スヘキヤノ問題ニ付テハ寧ロ之ヲ知ル處ノ賣主ニ負擔セシムルヲ妥當トスト云フニ在リ羅馬法ノ餘流ヲ汲ミタル法律ハ渾テ此原則ヲ採用シ來レリ

◎買主注意セヨ

此格言ハ英法派ニ屬スルモノニシテ其意蓋シ買主自ラ注意シテ目的物ヲ買受ケヨト云フニアリ換言スレハ買主ハ自巳ノ危險ニ於テ目的物ヲ買受クルモノナリ從テ買受ケタル物ノ上ニ隱レタル瑕疵アリテ爲メニ之ヲ使用スルコトヲ得ス或ハ其價格ノ一部分ヲ失

ノ場合ニ於テハ則チ買主自已ノ不注意ニヨリ買被リヲナシタルモノナレハ自ラ其損害ヲ負擔ス可ク決シテ賣ヲ賣主ニ屬スヘキモノニアラスト云フニアリ此原則ハ英國ニ於テハ古來永ク行ハルヽ處ニシテ今日ト雖𪜈亦異ナラス然ラハ何故ニ英國法律カ斯ノ如キ原則ヲ認ムルニ至レルヤト云フニ一ハ賣買ニ關スル歷史上ノ沿革ニ基因シ一ハ訴訟ヲ減少セントスルノ政略上ノ理由ニ出テシモノナリ卽チ古代ニ於テハ交換賣買ノ如キハ殆ント皆公ノ市場ニ於テ行ハレ而シテ市場ノ賣買ハ必スシモ瑕疵ナキモノト看做サヽル

カ故ニ買主ハ能ク目的物ヲ點檢シ其瑕疵ノ有無ヲ精査シ而シテ之ヲ買受クヘキモノト看做シ遂ニ賣買ニ於テハ買主注意セヨトノ原則ヲ生スルニ至レリ次ニ又賣主ヲシテ瑕疵ノ責ヲ負擔セシムルトキハ買主ハ輕々ニ目的物ヲ看過シテ買受クルノ結果ヲ生シ稍々モスレハ後日訴訟ヲ提起スルノ虞アルヲ以テナリ英法派ノ法律カ賣主ヲシテ瑕疵擔保ノ責ニ當ラシメサルハ全ク此原則ニ基因セルモノナリ此原則ハ古代賣買ノ專ラ市塲ニ行ハレタル時代ニハ之ヲ適用スルニ於テハ毫モ不便ヲ感セストト雖トモ現今ノ如ク商業漸

ク盛大ニ至リ市場ニ於テ目的物ヲ點檢シテ賣買スルヨリモ寧ロ遼隔ノ地ニ在テ郵便若クハ電信ヲ利用シテ賣買ヲ締結スルコト多キ時代ニ於テハ此原則ヲ一般ニ賣買ニ適用スルトキハ大ニ不都合ヲ生スルニ至レリ故ニ現今英米ノ判決例ニ於テモ此原則ヲ擴張スルヨリモ寧ロ制限スルノ傾向ヲ有セリ從テ此原則ニ對スル例別ノ場合少カラスト爲ス我民法モ亦此格言ヲ採用セサルナリ

◎當事者双方ノ代理人ト爲ルヲ得ス

代理人ハ本人ノ爲メ忠實ナラサルヘカラサルモノナ

レハ利益相反スル當事者相方ノ代理人ト爲ルヲ得ス益シ一方ノ利ヲ謀レハ其相手方タル他方ノ利益ヲ害スルノ結果ヲ生スヘケレハナリ

◎代理人ノ行爲ハ本人ノ行爲ニ同シ

代理人ハ本人ヲ代表スルモノナレハ其代理ノ權限內ニ於テ爲シタル行爲ハ恰モ本人自身カ爲シタルニ同シ從テ其行爲ヨリ生スル權利及ヒ義務ハ總テ本人ノ權利本人ノ義務タル可シ

◎權限ノ定メナキ代理人ハ管理行爲ノミナ爲ス

凡ソ代理權ノ範圍ハ法定上ノ代理ニアリテハ法律自ラ其權限ヲ定メ委任上ノ代理ニアリテハ當事者自ラ之ヲ定ムヘキモノトス而シテ其委任事項ヲ特定シタル場合ニ於テハ代理人タルモノハ其委任ノ旨趣ニ從テ行動スヘキハ當然ナリ然ルニ若シ權限ノ定メナク汎博ナル語辭ヲ以テ授權シタルトキハ其代理權ノ範圍ヲ法律上一定シ置クヲ必要トス蓋シ此ノ如キ場合ニアリテハ代理人タル者ハ本人ニ代ハリ何事ヲモ爲スヲ得ヘキカ如シト雖トモ若シ然リトセハ代理人ハ往々本人ノ意思以外ニ超越スルコトアリテ危險尠ナ

シトセス故ニ權限ノ定メナキ代理人ハ管理行爲ヲノミ爲シ得ヘキモノトシ處分行爲ノ如キハ爲シ得ヘキモノニ非ラストス

◎自ヲ爲シ得サルコトハ他人ヲシテ爲サシムルコトヲ得ス

代理人ハ本人ノ延長セルモノト看做サヽルモノナレハ其代理事項ハ本人ニ於テ爲シ得ヘキモノタラサル可ラス然ルニ本人其自身ニ於テモ爲シ得ヘカラサル事項ヲ代理人ニ因テ爲サントスルハ無ヨリ有ヲ生スル能ハサルノ論理ヲ以テ説明スルコトヲ得ルナリ

◎代理人ハ本人ノ延長ナリ

人事ノ不定ニシテ且ツ頻繁ナル到底一人ニ於テ萬般ノ關係ヲ能ク辨スヘキ處ニアラス茲ニ於テカ代理ノ必要生ス代理人ハ素ト本人ヲ代表スルモノナレハ其行爲ハ本人自ラ爲シタルト同一ノ效果ヲ發生スルハ代理法上ノ原則ナリ是レ代理人ハ本人ノ延長ナリト云フ所謂ナリ

◎委任ハ何時ニテモ取消スコトヲ得ヘシ

凡ソ他人ニ或ル事ヲ委任スルハ受任者ニ信用ヲ措クヲ以テナリ然ルニ一旦其信用ノ消滅シタル以上ハ當

初委任ヲ爲シタル精神ニ反スルヲ以テ委任者ハ何時ナリトモ其委任ヲ取消スコトヲ得ヘキナリ

◎他人ノ權利ヲ害セサルノ方法ヲ以テ自己ノ財産ヲ處分セヨ

吾人ノ所有ニ屬スル財産ハ固ヨリ吾人ノ意思ノ向フ處ニ從テ自由ニ使用收益及處分スルコトヲ得ヘシ然リト雖トモ之レカ爲メ他人ノ權利ヲ害スヘ可ラス之カ使用收益處分ノ結果他人ノ權利ヲ侵害スルナカランコトヲ期シ或制限ヲ設クルコトヲ要ス今茲ニ工作物設置ニ關スル制限ノ一例ヲ擧ケ以テ其一班ヲ窺ハン

ニ凡ソ自己ノ所有スル地上ニ工作物ヲ設置スルハ自己ノ權利ヲ行フモノナレハ何人モ之ヲ掣肘スルコト能ハサルヘシト雖モ其他人ノ土地トノ境界線ニ接スル所ニ於テ建物ヲ設置スルハ隣地所有者ノ迷惑尠カラサルコトアリ卽チ空氣ノ流通若クハ光線ノ直射ヲ妨ケ又ハ火災ノ危害ヲ增ス等其例枚擧ニ暇アラス故ニ諸國ノ法制ニ於テ何レモ隣地ヲ保護スル爲メ此等工作物ノ設置ハ疆界線ヨリ一定ノ距離ヲ以テスルニアラサレハ之ヲ設置スルコトヲ許サス今試ミニ我民法ノ規定ニ付其工作物設置ニ關スル制限ヲ擧ケン

一　建物ヲ設置スルニハ疆界線ヨリ一尺五寸ノ距離ヲ有スルコトヲ要ス

二　他人ノ宅地ヲ觀望スヘキ窓又ハ椽側ヲ設クル者ハ疆界線ヨリ三尺以上ノ距離ヲ有スルコトヲ要ス若シ三尺未滿ノ距離ナルトキハ之ニ目隱ヲ付スルコトヲ要ス

三　井戶用水溜又ハ肥料溜ヲ穿ツニハ疆界線ヨリ六尺以上ノ距離ヲ存スルコトヲ要ス

四　池沼窖又ハ厠坑ヲ穿ツニハ疆界線ヨリ三尺以上ノ距離ヲ存スルコトヲ要ス

五　水樋ヲ埋メ又ハ溝渠ヲ穿ツニハ疆界線ヨリ其深サノ半以上ノ距離ヲ有スルコトヲ要ス但疆界線ヨリ三尺以上ヲ距ツルコトヲ要ス

以上(三)乃至(五)ノ工作物ヲ築造スル爲メ土砂カ崩壞シ又ハ汚水滲漏スルトキハ隣地所有者ハ工作物所有者ニ對シテ之ヲ防止スルニ必要ナル注意ヲナサンコトヲ請求スルコトヲ得如此自己所有ノ土地ニ一工作ヲ施スタニ尙ホ且幾多ノ制限アリ是畢竟此格言ノ適用セラレタルニ過キサルナリ他ハ推シテ知ル可キナリ

◎法ヲ行フニ賠償ヲ求メラルヽコトナシ

法律上吾人ノ權利トシテ認メラレタルモノヲ行使スルニ當リテハ遇々以テ人ヲ害スト雖トモ素ト是レ權利ノ執行ニ屬スル正當行爲ナルヲ以テ之ニ因リテ例令他人ニ損害ヲ掛ケタリトスルモ之カ損害賠償ヲ要求セラルヘキ理由ナシ例ヘハ正當防衛權ノ實行ニヨリ他人ヲ殺傷スルモ其他人ヨリ要償セラルヽコトナキカ如シ

◎自ラ有スル處ヨリ更ニ大ナル權利ヲ讓ルヲ得ス

物理上無ヨリ有ヲ生セサルト同一ノ理由ニヨリ自己

ノ從來所有スル處ヨリ一層大ナル權利ヲ他人ニ讓渡スコトヲ得サルナリ是レ自明ノ理タリ

◎人ハ詐欺ニ因テ免カレ又利スルコトヲ得ス

何人モ不法行爲ヨリシテ利益ヲ獲得スルコト能ハサルハ法律上ノ原則トス詐欺ハ固ヨリ法律ノ禁制スル所ノ不法行爲ナレハ之ニ因テ負擔セル義務ヲ免カレ又ハ將來利益ヲ取得スルコトヲ得サルナリ

◎非行ハ非行ヲ正フセス

非行ハ其根本ニ於テ已ニ背法ノ行爲ナリ故ニ其相手

方ニ於テ又同シク非行アリタリトテ前ノ非行ハ正當行爲ナリト看做サルヽコトナシ一言以テ掩之非行行爲ハ相互ニ相殺セストニフニアリ

◎自己ノ過失ヲ原因トシテ義務ヲ免ルヽヲ得ス

凡ソ義務履行ノ不能カ當事者ノ責ニ歸ス可ラサル事由ニヨルトキハ其履行ノ不能ヨリ生スル損失ハ債權者ニ於テ負擔セサル可ラサルハ當然ナリト雖トモ若シ履行ノ不能カ當事者ノ責ニ歸スヘキ事由ニヨルトキハ何人ニ於テ其損失ヲ負擔スヘキヤト云フニ此場

合ニ於テハ此格言ヲ適用スヘキモノナリ故ニ例ヘハ賃貸借契約ニ於ケル債務者カ過テ火ヲ失シ契約ノ目的タル貸渡スヘキ家屋ヲ燒失シタルカ爲メ之ヲ貸渡スコトヲ得サルニ至ランカ又ハ勞務ヲ諾約シタル債務者カ自己ノ過失ニヨリテ疾病傷痍ヲ來シ之カ爲メ動作スルコト能ハサルニ至リシカ如キ塲合ニ於テハ履行不能ヲ以テ債權者ニ對抗スルコト能ハサルハ勿論尚ホ違約ヨリ生スル損害ヲ賠償セサル可ラサルノ責ニ任スルモノトス

◎何人モ己レノ惡業ニ由リテ利スル事ヲ

得ス

此格言ハ事理明晰殆ント說明スルヲ要セサルナリ即チ法律ハ正業ヲ奬勵スル爲メ亦勞務ニ對スル報酬ヲ獲得セシメンカ爲メ正當行爲ニ基ク利益ハ之レヲ保護スルコト勿論ナリト雖トモ贓物ノ如ク不法行爲ニヨリテ得タルモノハ之ヲ沒收シ犯行者ヲ私セシメサルナリ

◎汝ニ出ルモノハ汝ニ還ル

積惡ノ家ニ餘殃アリ積善ノ家ニ餘慶アリ汝ニ出テタルモノハ亦汝ニ還ルヘキハ自然ノ理法タリ民事ニ於

テ人ニ損害ヲ加ヘタルモノハ之カ賠償ヲ為サヽル可ラス刑事ニ於テ人ヲ教唆シタルモノハ自己モ亦其責ヲ免ルヽコト能ハサルカ如キ是ナリ

◎第三者ヲ害セス

凡ソ各人相互ノ間ニ於テ一定ノ行為ヲ為スニ當リ先ツ慮ルヘキハ之ニ關係ナキ第三者ニ害悪ヲ及ホサヽルノ一事ナリ故ニ民事上ノ契約ニ於テモ他人ヲ害スルカ如キ契約ハ之ヲ無效トナスナリ

◎土地ノ所有權ハ上九天ニ至リ下九泉ニ及フ

土地所有權ノ範圍ニ付テハ古來學者間ニ議論アル所ナリ或ハ土地ノ所有權ハ其表面ノミニ止マルト主張シ或ハ地表ハ勿論地上地下ニモ及フト論スルモノアリ而シテ其地上地下ニモ及フトノ論說ニ於テモ亦其範圍ヲ異ニス然レトモ近世一致セル學說ハ土地所有權ハ上ハ無窮ノ蒼空ニ達シ下ハ地球中心ニ及フト云フニ至レリ土地ノ所有權ハ如斯廣大ナリト雖𪜈若シ之ヲ無限ニ行使セシムルトキハ社會ノ公益ヲ害シ個人ノ利益ヲ妨クルコト尠カラス故ニ法律ハ一ハ公益上ヨリ他ハ私益上ヨリ之ニ制限ヲ加ヘタリ公益上ノ

制限トハ例ヘハ土地ノ所有者ハ其地軸迄ハ總テノ物ニ對シ所有權ヲ有スルモノナルカ故ニ地中ニ存在スル鑛物ニ對シテモ其權利ヲ有シ之ヲ採掘スルト否トハ其自由ニ任セサル可ラス然レ𪜈斯ノ如キハ社會財產ノ增殖ヲ妨クルノ弊アルノミナラス鑛物ノ採掘ハ大資本ヲ要シ且鑛脈ハ各處ニ涉ルモノナルカ故ニ各所有者獨立シテ之ヲ採掘スルコトヲ許サスシテ之ヲ國家ノ有トナシ國家ハ自ラ之ヲ採掘シ又ハ適當ト認ムル私人ニ之カ採掘ヲ許可スルモノトス次ニ私益上ノ制限トハ例ヘハ所有權者ニシテ所有權ノ範圍カ土

地上下ノ無限ニ及フヲ恃ミ天日ヲ隔離スルカ如キ大厦高樓ヲ建設スルトキハ近隣者ノ迷惑尠シトセス又深ク土地ヲ堀鑿スルトキハ崩壞ノ虞アルカ故ニ此等他人ヲ害シテ權利ヲ行フコトヲ許サヽルカ如シ

◎所有權ハ萬能ナリ

所有權ハ總テノ權利中最モ優等ナルモノナリ凡ソ人ニシテ或ル物ノ所有權ヲ有スル以上ハ之ヲ使用シ收益シ處分スル等苟クモ之カ爲メニ他人ノ權利ヲ損害セサル以上ハ如何ナル措置ヲモ爲スヲ得ヘシ若シ夫レ所有權ノ一部分タル使用權ノミヲ有ストセン乎唯

其物ヲ使用シ得ルノミニシテ他ニ何等ノ處分ヲモ爲スヲ得サルヘシ是レ所有權ハ萬能タル所以ナリ

◎地主ナキノ土地ナシ

古昔社會未開ノ時代ニ於テハ無主ノ不動產存在シタルカ故ニ土地モ亦先占ニ因テ所有權ヲ獲得シ得タリト雖トモ近世國家ナル感念發達セシト同時ニ土地ハ國家ノ一部分ヲ爲スモノトシ無主ノ土地ハ之ヲ一旦國有ニ歸セシメタル後一個人ニ附與シテ其保存改良ヲ計ラシメ以テ國家ノ富强ヲ增進セシメントセリ故ニ近世文明國ノ法律ハ無主ノ土地ハ總テ國家ノ有ニ

歸セシムルモノトス

◎二人各同一物ヲ全有スル能ハス

所有權ナルモノハ物ノ總括的支配力ナルカ故ニ一ノ物ノ上ニ數個ノ總括的支配力ノ存生スルコトハ決シテ之ヲ想像スルヲ得ス從テ一物ノ上ニハ所有權ハ唯一ノミ存スヘキハ當然ノ事由ナリ然レトモ權利ノ主体ハ必ス單數ナラサル可ラサルノ理由ナキヲ以テ一所有權ノ數人ニ屬スルコトハ法理上之ヲ認ムルコトヲ得之ヲ名ケテ共有權ト云フ而シテ其共有者各自ハ皆共有物ニ關シ總括的支配關係ヲ有スルモノニシテ

唯單純ノ所有者ト異ナル所ハ所有權ノ主体カ單純ナルト復雜ナルトノ點ニアルノミ故ニ單純ナル所有者カ物ニ對シテ有スル所有權ト共有者ノ一人カ共有物ニ對シテ有スル所有權トハ其性質ヲ同フス然レトモ共有ノ塲合ニ於テハ一ノ物体ヲ數人ニテ所有スルモノナルカ故ニ共有者ノ各自ハ其權利ヲ行使スルニ付キ他ノ共有者ノ權利ヲ害セサルコトヲ要ス卽チ共有者ノ權利ハ他ノ共有者ノ利益ノ範圍內ニ於テ行使ヲ制限セテルヽモノトス

◎無主ノ動產ハ先占者ニ歸ス

先占トハ所有ノ意思ヲ以テ無主ノ動産ヲ占有スルヲ云フ往古未開ノ時代ヨリ早ク已ニ先占ニヨリテ所有權ヲ取得スルコトヲ認メタリ蓋シ往古ハ人口稀ニシテ生存競走ノ度現今ノ如ク激烈ナラサリシカ故ニ格別ノ勞力ヲ費サスシテ自己ノ欲スル物件ヲ取得スルコトヲ得タリ加之人智未タ發達セサル當時ニ在テハ物件取得ノ有無ヲ見ルニ重キヲ外形ノ所持ニ置キ內部ノ意思ノ如キハ殆ント之ヲ問フコトナシ故ニ當時ニ於テハ先占ハ實ニ所有權取得ノ唯一ノ方法タリシナリ然ルニ社會漸ク進步シ生存競走盛ナルニ及ヒ無

主ノ財産ハ殆ント跡ヲ絶ツニ至レルノミナラス法律思想ノ發達ト共ニ各人ノ意思ニ重キヲ置クニ至レリ從テ現今ニ於テハ先占ノ法理適用ノ範圍大ニ縮少セリ今先占ニ依テ所有權ヲ獲得シ得ヘキモノヲ按スルニ郊野ノ走獸河海ノ魚類蒼天ノ飛禽委棄物等ノ無主物アルノミ

◎先キンスル者ハ人ニ勝ルノ所有權ヲ取得ス

此格言ハ先ンスル者ハ人ヲ制スルノ俗言ト同シク他人ニ先ンシタルモノニ與フルニ特權ヲ以テセルナリ

或ハ無主物先占ニヨリテ其所有權ヲ獲得スルカ如ク又或ハ同一物ヲ同日ニ賣買シタル場合ニ於テ時ニ於テ先ンスルトキハ其先ナル買主ニ於テ所有權ヲ得ルカ如ク又第一ノ抵當權者ハ第二以下ノ抵當權者ヨリ優先ノ特權ヲ有スルカ如シ

◎流水ハ土地ニ從フ

舟筏ノ通スヘキ河川及ヒ其床地ハ國家ノ公有財產ニシテ私權ノ目的タルヲ得ス故ニ之ニ對スル諸般ノ制限ハ所有權ノ問題ニアラスシテ行政法ノ範圍ニ屬ス之ニ反シテ舟筏ノ通セサル水流ハ各國法律皆之ヲ公

有物ト爲サス從テ其所有權ハ何人ニ屬スルヤハ古來異說紛々タリ一ニ曰ク床地ト水流トハ國家ノ所有ニ屬ストニニ曰ク床地及水流共ニ沿岸者ノ所有ニ屬ストニニ曰ク床地ハ沿岸所有者ノ所有ニ屬ス而シテ水流ハ國家ノ所有ニ歸スヘシト今試ニ此說ノ當否ヲ按スルニ第一說ノ如ク床地及水流共ニ國家ノ有トナストキハ一朝其所有地ニ水流ヲ生スルヤ忽チ床地トナリタル部分ハ當然國家ノ所有ニ歸シ所有者ハ國家ノ爲メ其所有權ヲ剝奪セラルヽノ結果ヲ生ス加之私有地ト國有地トハ犬牙交錯シ其所有權ノ分界ヲ定ムルニ

付キ徒ラニ紛擾ヲ益スヘキノミ又第二説ノ如ク床地水流共ニ沿岸所有者ノ所有ニ歸スルト爲ストキハ床地ニ付テハ素ヨリ其所有タルコト勿論ナルモ運論上ヨリスレハ水流ハ寧ロ泉源所有者ノ所有ニ歸スヘキモノナリ一時他ニ流下スルノ故ヲ以テ所有權ハ直ニ其土地ノ所有者ニ歸スト云フ可カラス然ハ其水流ノミニテ依然泉源所有者ニ歸セシメンカ一度他ノ水流ト合シタルトキハ最早其所有權ノ歸スル處ヲ知ル可ラス然ラハ之ヲ無主物ト看做サンカ先占ニ因テ其所有權ヲ得ヘキカ故ニ先占者獨リ其水流ヲ占有シ他人

ノ損害ヲ顧レハ公益ヲ害スルノ處レアリ加之水流ノ本体ハ泉源ニ發シ流レテ海ニ入ルヲ以テ始メテ其効果ヲ完フス上流ニ在ルモノ獨リ之ヲ專占スルコトヲ得サルナリ斯ノ如ク第一及第二説ハ其水源所有者ヲ完全ニ説明スルヲ得サルヲ以テ近世ノ法制ハ第三説ノ如ク床地ハ沿岸所有者ノ所有ニ歸シ水流ハ國家ノ所有ト爲シ之ニ接スル土地ノ所有者ノ自由ニ使用スルコトヲ得ルモノナリ蓋シ至當ノ法制ナリ

◎自然ニ流レ來ル水ヲ妨クルコトヲ得ス

人ノ行爲ニ因ラスシテ水ノ疏通スルハ寧ロ自然ノ事

爲ニ屬ス故ニ何人ト雖トモ之ヲ妨ク可ラス凡ソ土地ノ所有者ハ其土地ヲ使用收益處分スル權利ヲ有シ之ヲ行使スルニ付テハ他ノ肘制ヲ受クルコトナキカ故ニ此原則ノ適用トシテ隣地ヨリ自然ニ流出スル水路モ亦自己ノ所有地ニ於テ之ヲ杜絶シ亦之ヲ貯藏スルコトヲ得ルヤ當然ナルカ如シ然レトモ斯ノ如ク水路ヲ杜絶スルトキハ高地ニハ水ノ停滯ヲ來シ衛生ヲ害シ耕耘ヲ妨クルノ恐レアルヘク又水ヲ貯留スルトキハ低地ノ危害少ナカラス故ニ此場合ニ於テ公益上所有者ノ權利ヲ制限スルハ諸國法典ノ一致スル所ナリ

此格言ハ此理ヲ明カニスルニアリ

◎占有者ハ所有ノ意思アリト推定ス

凡ソ占有權ニ付テハ何レノ國法モ多少ノ事實ヲ推定スルヲ常トス蓋シ占有ノ事實ハ各種物權ノ基礎ヲ爲スモノナルカ故ニ法律上最モ緊急ナリトス然ニ占有ニ關スル事實ヲ證明スルコトハ甚タ困難ナルカ故ニ若シ占有者ノ證明スルニアラスンハ占有權ヲ保護セサルモノトセンカ動モスレハ證明ノ途ヲ得スシテ之カ保護ヲ被ルコト能ハサルニ至ル故ニ何レノ邦國ニ於テモ之ニ一應ノ推定ヲ下シ以テ證明ヲ補充シ占有

ノ保護ヲ全カラシムルナリ而シテ占有者ハ總テ所有スル意思アルモノト推定セラルヽ所以ハ蓋此推定ハ事實普通ノ狀態ニ照ラシテ見ルモ適當ナレハナリ何トナレハ現ニ物ヲ所持スル者ハ他人ノ物トシテ所持スルヨリモ自己ノ物トシテ所持スルヲ普通トスレハナリ加之所有權ハ他ノ權利ニ比シ其効力最モ强大ナルカ故ニ法律上之ヲ推定スルモ占有者ハ決シテ不利益ヲ被ルノ虞ナク亦若シ占有者ヲシテ誤テ所有ノ意思ヲ證明セシメントスルトキハ其證明ノ困難ナル結果却テ眞正ノ權利者ヲ害スルニ至ルヘシ是法律カ此

推定ヲ置ク所以ナリ

◎占有者ハ善意ト推定ス

凡ソ法律ハ惡意ヲ推定セサルコトヲ一般ノ原則トス而シテ事實上人カ物件ヲ所持スル場合ヲ觀察スルニ付テモ他人ノ物ナルコトヲ知リ惡意ヲ以テ之ヲ所持スルハ非常特例ニシテ自己カ正當ニ其物件ノ所有權ヲ取得セリト信シテ所持ヲ爲スコトヲ普通ノ狀態トス且進ンテ其善意ナルコトヲ證明スルハ尤モ困難ナル處ナルカ故ニ法律ハ占有者ヲ保護センカ爲メ此推定ヲ下ス所以ナリ而シテ善意ノ占有者ト惡意ノ占有

者トハ其占有ノ效果ニ於テ種々ノ差異ヲ生ス例ヘハ取得時効ノ期間モ善意ノ占有者ハ惡意ノ占有者ヨリモ早ク又善意ノ占有者ハ占有物ヨリ生スル果實ヲ取得スル權利ヲ有スレトモ惡意ノ占有者ニハ此權利ナシ又占有物カ占有者ノ責ニ歸スヘキ自由ニヨリテ消滅又ハ毀損セル場合ニ於テハ惡意ノ占有者ハ其所有者ニ對シテ總テ損害ヲ賠償セサル可ラス然レトモ善意ノ占有者ハ此責任ナキ等是ナリ

◎占有ハ平穩ナルモノト推定ス

平穩ノ占有トハ暴行強迫ノ事實ナキコトヲ推定スル

ヲ云フ法律行爲ニ對シテ此暴行强迫ノ存在スルトキハ其强暴者ハ不利益ヲ被ルコトヲ一般ノ原則トス故ニ占有ノ行爲ニ暴行强迫ノ伴フトキハ其占有ハ瑕疵占有ニシテ法律ハ待ツニ不利益ナル結果ヲ以テス然𪜈此瑕疵ハ稀ニ存在スヘキモノニシテ普通ニ之ヲ想像ス可ラサルノミナラス强暴ノナキコトハ普通ノ事實ナルノミナラス無的ノ事實ハ證明スルコト容易ナラス故ニ法律ハ反證ナキ以上ハ普通平穩ノ推定ヲ下スナリ而シテ其平穩ノ占有ト之ニ反對スル强暴ノ占有トハ其効果ニ於テ少シク異ナレリ即チ强暴ノ占有

ハ瑕疵アル占有ナレハ平穏ノ占有ヨリ長年月間占有セサレハ其占有權ヲ得ルコト能ハサルカ如キ是ナリ

◎占有ハ公然ナリト推定ス

茲ニ所謂公然トハ穏密ニ對シテ云フモノニシテ物ノ所持ヲ外部ニ表白シ何人モ其所持ノ事實ヲ知ルコトヲ得ヘキ狀態ニ在ルモノヲ云フ而シテ占有果シテ公然ナルヤ否ヤハ目的物ノ性質ニヨリテ之ヲ定ムヘキモノニシテ豫メ之レヲ一定スルコトヲ得ス即チ米麥等ハ之ヲ倉庫內ニ貯藏スルモ隱秘シタリト云フヲ得ス之ニ反シテ材木若クハ土石ノ如キハ通例倉庫中ニ

存在スルモノニアラサルカ故ニ之ヲ倉庫中ニ置クトキハ隱秘タルヲ免カレサルカ如シ而シテ何人ト雖トモ物ヲ所持スルニ當テハ性質上普通ノ狀態ニ於テスルモノナルノミナラス占有者ヲシテ其普通ノ狀態ヲ證明セシムルハ煩ニ堪ヘサルモノアルカ故ニ法律ハ占有ノ事實ニ對シ一應公然タルコトノ推定ヲ下スモノトス公然ノ占有ト隱密ノ占有トハ其間ニ於テ効果ヲ異ニス卽チ前顯强暴占有ト平隱占有トノ間ニ於ケル差異ノ如シ

◎占有ハ繼續セルモノト推定ス

占有トハ素ト所持ノ事實ヲ保護スルモノナレハ其所持ノ事實ナキ以上ハ意思ノミ存在スルモ法律上占有權ノ保護ヲ受クルコトヲ得ス從テ物ノ所持ヲ喪失スルトキハ占有權ハ直ニ消滅スルモノニシテ若シ再ヒ同一目的物ヲ所持スルモ其後ノ所持ハ前占有トハ全ク別異ニシテ新タナル占有ヲ生スルニ過キサルナリ若シ如斯占有ニ間斷アルトキハ時効ノ經過ヲモ中斷スルモノナルカ故ニ取得時効ノ利益ヲ主張シ權利ヲ取得セントスルモノハ法律カ定ムル時効ノ期間內占有ヲ繼續セルコトヲ明カニスルヲ要ス然レトモ時々

刻々占有ヲ總テ證明スルコトハ素ヨリ至難ノ業ナルヲ以テ占有權取得ノ當時ヨリ時効滿了ノ時ニ至ル迄苟クモ反對ノ證據ナキ限リハ法律ハ之ニ對シテ占有ノ繼續ヲ推定スルモノナリ

◎占有者ハ適法ナル權利者ト推定ス

即チ所有權地上權若クハ質權者等總テ權利者トシテ物ヲ占有スルモノハ其權利ヲ正當ニ取得シタルモノト推定スルナリ元來權利ヲ行使スルモノハ通常正當ノ權利者ニシテ無實ノ權利ヲ行使スルカ如キハ最モ變体ニ屬ス故ニ法律ハ反對證據アル迄ハ普通ノ狀態

ニ照ラシ現ニ物ノ上ニ權利ヲ行フ者ニ對シ總テ適法ニ其權利ヲ取得シタルモノト推定セルナリ

◎地役ハ人ノ爲メニ設ケス土地ノ爲メニ設ク

地役權ナルモノハ他人ノ土地ヲ自己ノ土地ノ便益ニ供センカ爲メニ設定セラルルモノニシテ一定ノ人ノ爲ニ設定セラルヽモノニアラス從テ其土地ヲ離レテ單獨ニ成立スルコトヲ得サルナリ故ニ地役權ハ左ノ如キ效果ヲ生ス

一、地役權ノ賣買及贈與等ハ要役地ト共ニスルニア

ラサレハ之ヲ爲スコトヲ得ス從テ其義務ニ付テモ亦承役地ト共ニスルニアラサレハ之ヲ他人ニ移轉スルコトヲ得サルナリ

二、地役權ニ關スル權利及義務ハ其ニ土地ヨリ分離スルコトヲ得サルカ故ニ其之カ實行ニ付テモ亦土地ト共ニ爲サヽル可ラス從テ地役權ノ實行ハ之ヲ他人ニ放任スルコトヲ得サルモノトス

三、要役地ノ所有者ハ承役地ニ對シテ其權利實行ニ必要ナル處分ヲ爲スコトヲ得從テ其目的ニ出ツル處ノ所爲ハ承役地所有者ニ於テ之レヲ妨クルヲ得ス但

要役地所有者カ其權利ヲ行フニ當テハ成ルヘク承役地ヲ害セサルコトヲ要ス

◎土地ハ其負擔ト共ニ移轉ス

地上權永小作權地役權質權抵當權及先所特權等皆是レ土地ノ負擔ナリ而シテ是等權利ヲ一旦土地ノ上ニ設定セラレタル以上ハ其土地ハ轉輾シテ何人ノ所有ニ歸スルモ土地ハ其權利ノ執行ヲ免ルヽコトヲ得サルナリ

◎婚姻ハ男女ノ承諾ニ成ル媾合ニ成ルニアラス

婚姻ハ情慾ノ發スルカ儘ニ任シタル一時ノ野合ニ非スシテ男女自由意思ノ投合ニ基ク永遠ノ結合ナリ今歴史ニ就テ婚姻制度ノ沿革ヲ按スルニ往古野蠻種族カ各所ニ割據シテ部落ヲ爲シタルノ時代ニ在リテハ一部落ノ人民ハ他ノ部落ニ侵入シテ婦女ヲ掠奪シ或ハ部落中ニアリテ婦女ヲ見タルトキハ數男子相爭鬪シテ先ツ勝ヲ得タル者之ヲ占領スル有樣ナリシヨリ史家此時代ヲ稱シテ掠奪婚姻時代ト云フ斯ノ如キ時代ニアリテハ卽チ所謂婚禮ナルモノアラスシテ夫トモナク妻トモナク唯情慾ノ動ク所ニ從テ掠奪ヲ行ヒ以

テ獸慾ヲ擅ニシタルニ過キサレハ婦女ニ貞節ヲ守ルノ念ナキハ勿論社會モ亦之ヲ求メサリシナリ此時代ニ當ツテハ男系ノ明確ナルヲ求ムルモ決シテ得ヘカラサリシハ自然ノ勢ナリト云ハサル可ラス近時ニ至ル迄結婚儀式ヲ行フニ際シ或ハ石ヲ投シ或ハ草鞋ヲ投シ之ヲ祝スルノ風習ナルハ掠奪婚時代ニ於ケル遺風ナルコト疑ヒナキモノヽ如シ蓋シ婦女ノ掠奪ヲ防クノ意タルナリ掠奪婚ノ風習漸ク衰ヘテ家事ニ使役スル爲メ婦女ヲ賣買シ男子ノ所有物トナスノ思想發達シ結婚ハ全ク賣買ニヨリテ成ルモノトナシ而シテ

其賣買ハ婦女ノ家父ト夫タル者トノ間ニ成リテ婦女ハ更ニ之ヲ知ラサリシナリ史家此時代ヲ稱シテ賣買婚ノ時代ト云ヘリ續テ社會ノ風潮漸ク道義ヲ重ンスルニ至リ婦女ヲ以テ賣買ノ目的物トナスノ背理タルコトヲ認メ婚姻ハ尊族親ヨリ其婦女ヲ他ノ男子ニ贈與スルニ依テ成ルモノト爲スニ至レリ史家此時代ヲ稱シテ贈與婚ノ時代ト云フ然レトモ是唯婦女ヲ以テ賣買ノ目的物ト爲サヽルコトニシテ贈與ノ目的物トナシタルコトナレハ其婦女ヲ財産視スルノ點ニ至テハ賣買婚ノ時代ト敢テ異ナルコトナシ而シテ我國ノ

如キハ尚ホ未タ贈與婚ノ時代ヲ完ク脱セサルハ人皆知ル所ナリ然ルニ近世ニ至リテハ男タルト女タルトニ拘ラス自由意思ヲ重スルノ思想大ニ發達シ婚姻ハ必ス男女双方ノ承諾ニ基クモノトナシタリ之ヲ承諾ト云フ歐米文明國ニ於ケル現今ノ婚姻制度ハ卽チ此時代ニアルモノナリ我國ニ於テモ亦之ニ模倣シ男女ノ共諾ヲ必要ト爲シ近來ハ歐米先進國ト等シク共諾婚姻ノ制度ヲ認メタリ旣ニ婚姻ハ當事者タル男女ノ共諾ニヨリテ成ルモノタル以上ハ其共諾ハ卽チ婚姻ノ基礎ニシテ苟クモ之ヲ欠クトキハ原因ノ如何ニ拘

ラス婚姻ハ初ヨリ成立セサルモノト為サヽル可ラサルハ論ヲ俟タス此格言ハ洵ニ近世婚姻ノ思想ヲ盡出シタルモノト云フ可シ

◎近親ハ相婚セス

近親族ノ縁故アル男女ノ結婚ヲ禁スルハ諸國ノ法制ノ普ク一致スル處ニシテ唯其範圍ニ差異アルノミ如斯男女間ノ結婚ヲ禁止スルノ理由ハ他ニアラス元來近親ノ關係アル男女ノ婚姻ハ婚姻自身ニ於テ人倫ニ違背シ且ツ婚姻ノ結果不具怯弱ナル子孫ヲ生スルコト多ク殊ニ是迄血族間ノ交際ハ或ハ嚴格ニ失シ或ハ

忸怩ニ流レ婚姻ノ目的タル共同生活ヲ全フスルコト能ハスト云フニアリ

◎婚姻ハ一夫一婦ニ限ル

婚姻當事者ノ員數ニ關シテハ古來種々ノ制度アリ一夫數婦數夫一婦數夫數婦及一夫一婦是ナリ而シテ最後ニ屬スル一夫一婦ハ最モ婚姻ノ精神ニ適合スルモノトス其數夫一妻制ノ實際ニ行ハレタル國ハ甚タ稀ナリト雖トモ一夫數婦制ニ至リテハ古代ノ希臘以來歐亞諸國ニ行ハレタルノ跡歷然タルノミナラス「モルモン」宗敎ヲ奉セル國ニ於テハ今尙ホ現存セルヲ見ル

此制ノ因テ生シタル原因ニ付キテハ古來哲學者經濟學者中ニ種々ノ議論アリ或ハ曰ク一般ノ血統ヲ永遠ニ垂レ人口ヲ增殖セシムル主意ニ基因スト或ハ曰ク此制ノ南方諸國ニ盛ンニ行ハルヽヲ見レハ氣候ノ溫熱情慾ヲ激スルニ基因スト然レトモ一夫數婦ノ制果シテ然ルカハ暫ク措テ問ハス何レニセヨ此制ハ婦女ヲ以テ財產視シ男子ハ巳レノ欲スル處ノ婦女ヲ買得シ得ヘシトノ觀念ヲ有シタルノ事實ニ基因スルモノタルヤ疑ヲ容レサルナリ然ルニ近世ノ法理ハ婦女ヲ以テ財產視スルノ觀念ヲ蟬脫セシメ又統計學者ハ男

女ノ數ノ世界相同シキ事ヲ證明スルニ至リタルヨリ其結果婚姻ハ一夫一婦ニ限リテ成立スルモノトナスノ適理ナルコトヲ知リ得タルノミナラス一夫ニシテ數婦ナルトキハ婦人ノ權勢ヲ滅失シ男子ノ氣力ヲ衰弱セシムル等ノ弊害之ニ伴フコトヲ發見シ來リテ遂ニ歐米文明諸國ノ法制ハ苟クモ前婚ノ現在スル以上ハ後婚ヲ以テ民法上有效ノモノト爲サヽルハ勿論刑法ニ於テモ其重婚者ヲ處スルニ刑罰ヲ以テセリ

◎婚姻ヲ爲スニモ亦一定ノ適齡アリ

一般ニ之ヲ云フトキハ人ハ婚姻ヲ爲スノ權能ヲ有ス

ルハ勿論ナリト雖トモ婚姻ノコトタル實ニ人生ノ最大事ニ屬スルノミナラス社會ノ公益上ニモ至重ノ關係ヲ有スルモノナルカ故ニ法律ハ公益ヲ維持シ併セテ幼者ヲ保護スルノ點ヨリ此權能ニ關シ年齡ニ或ル程度ノ制限ヲ附スルヲ常トス本來私權ノ行使ニ付テハ年齡ニヨリ成年者未成年者ニ區別シ未成年者ハ自ラ私權ヲ行使スルコトヲ得サルモノトナセル以上ハ婚姻ヲ爲スニ付テ特別ニ年齡上ノ制限ヲ設ケスト雖トモ一般ノ制限ニヨルヘキハ當然ナルカ如シ然レトモ婚姻ノ適齡ト肉体ノ發達トニ懸隔アルトキハ情慾

ノ制ス可ラサルヨリシテ却テ風俗ヲ紊亂スルノ虞レナシトセサルヲ以テ諸國ノ法制ハ皆婚姻ヲ爲スニ付テノ適齡ヲ普通私權ヲ行使ニ於ケル年齡ノ制限ト特別セリ即チ英米獨佛ノ諸邦ニ就テ之ヲ見ルモ何レモ皆二十一歲ヲ以テ普通ノ成年トナスニモ拘ハラス婚姻ニ就テハ北米合衆國ハ各洲年齡ノ程度ヲ異ニスルモ英國法ハ男ハ十四歲女ハ十二歲佛國法ハ男ハ十八歲女ハ十五歲獨國法ハ男ハ二十歲女ハ十六歲ヲ以テ其成年トナセリ蓋シ國々ノ風土氣候等ニ差異アルニ依テ肉体ノ發達ニモ亦異同アルカ故ニ從テ規定ヲ異ニ

セルモノナランシ而シテ我國ニ於テモ亦歐米諸國ノ例ニ傚ヒ從來ノ慣行ヲ參酌シテ婚姻ノ成年ヲ男ハ十七歲女ハ十五歲ト定メ此適齡以下ノ男子ハ婚姻ヲ爲スコト能ハサルモノトセリ蓋シ一二ハ年尙ホ若キトキハ思慮深カラサルヨリシテ或ハ一時ノ情慾ニ迷ヒ前後ヲモ顧ミサルノ憂ヒアルヲ免レサルト又一ニハ相當ノ年齡ニ達シタルモノニアラサレハ其肉体ノ發達モ充分ナルコトヲ得サルカ爲メニ其間ニ生シタル子モ亦自ラ怯弱ナルヲ免レス而シテ其害ヤ延テ子孫ニ及ヒ總ニハ社會人類ヲシテ總テ虛弱性タラシムルノ

結果ヲ生スルモ保ス可ラサレハナリ

◎相姦者ノ結婚ハ之ヲ許サス

姦通ハ不倫ノ甚タシキモノナリ然ルニ相姦者間ニ婚姻ヲ爲スコトヲ得ルトスレハ貞操ナキ婦ハ其婚姻ヲ解離シ更ニ姦夫ト結婚ヲ爲スノ手段トシテ進ンテ姦通ヲ爲スカ如キ弊ヲ生シ其極ヤ啻ニ惡縁ヲ遂ケシムルノミナラス風紀ヲ紊亂スルコト大ナリ故ニ此種ノ婚姻ハ不適法ノモノト爲シ姦通ニ原因スル婚姻ヲ禁シタルナリ

◎夫婦ハ互ニ同居ノ義務アリ

婚姻ハ男女終身間ノ共同生活ヲ目的トスルモノナレハ互ニ同居ノ義務アルコト明カナリ故ニ若シ夫婦ノ何レカ一方ニ於テ其同居ヲ拒ムトキハ他ノ一方ハ之ヲ法定ニ訴ヘ以テ其同居ヲ要求スルヲ得ヘシ

◎夫婦ハ互ニ扶養ノ義務アリ

是レ婚姻ヨリ生スル當然ノ結果タリ蓋シ婚姻ノコタル啻ニ其子孫ヲシテ永遠ニ繁榮ナラシムルコトヲ期スルノミナラス相互ニ扶養シ共同ノ生活ヲ爲スヲ目的トス故ニ夫婦ハ相互ニ扶養ノ義務アルモノト法理上制定セラルヽナリ

◎婚姻中ニ懐胎シタル子ハ夫ノ子ト推定ス

嫡親子タル關係ノ存在ハ何ヲ以テ之ヲ知ルヘキカ蓋シ嚴密ニ論スルトキハ三箇ノ條件ノ分明ナルニアラサレハ之ヲ明定スルコト能ハサルカ如シ即チ第一父母タル男女ノ間ニ婚姻アリタルコト第二父母ノ婚姻中ニ懐胎シタルコト第三其夫婦間ノ子ナルコト是ナリ而シテ此條件中證明ニ甚タ困難ナルモノアリ即チ第三ノ條件タル夫ノ子ナルコトハ醫學ノ進歩シタル今日ト雖モ尙ホ之ヲ證明スルノ方法ナシトス或ハ父

子容顔ノ相似ルモノアルモ是必然ノ現象ニアラスシテ父子其容顔ノ相似サルモノ多キノミナラス時ニ或ハ他人ト相似ルノ事實アルニ依リテ之ヲ見ハ造化ノ秘密人力ノ得テ探究シ得サル所ナランカ而シテ第二ノ條件タル父母ノ婚姻中ニ懷胎セシコトノ一事モ直接ノ證明ヲ爲スハ甚タ困難ナリ何トナレハ懷胎ヨリ分娩ニ至ル迄ノ時ニハ長短アリテ醫學上ニ於テモ未タ確定セサルカ故ニ何レノ時ニ懷胎シタルモノナリヤ之ヲ確信スルコトヲ得サレハナリ若シ之ヲシテ夫婦ノ認知ニ依ラシメンカ嫡親子ノ關係夫婦ノ意思如

何ニ依リテ定ムルコトヽナリテ正確ナラス去ハトテ之ヲ一々裁判官ノ認定ニ任センカ判官モ亦人ナリ時ニ或ハ誤判ナシトセス此故ニ嫡親子タル關係ハ一刀兩斷ノ下法律ノ推定ニ依ルノ外途ナシトス夫レ夫婦ハ啻ニ同居ノ義務アルノミナラス互ニ眞實ナルヘキノ義務アリトス果シテ然リトセハ婚姻中ニ懷胎シタル子ハ夫ノ子ト爲シ分娩ノ後ハ嫡親子ノ關係存在スルモノト推定スルヲ以テ最モ至當トナサヽル可ラス若シ夫レ此推定ヲモ危險ナリトセハ婚姻中ニ懷胎シタル子ハ姦通ニ因リテ懷胎シタルヤモ知レスト見做

サヽル可ラサルニ至ルヘシ是レ獨リ倫理ニ違ヒ婚姻ヲ輕スルノ推定タルノミナラス亦實ニ法律ノ推定スヘキ處ニアラサルナリ是ヲ以テ諸國ノ法律皆婚姻中ニ懷胎シタル子ハ夫ノ子ト推定シ今日ニ在テハ殆ンテ萬國其軌ヲ一ニスト謂フモ過言ニアラサルナリ我民法モ亦然ル所ナリ

◎後ノ結婚ハ前ノ罪ヲ滅ホス

男女未タ正婚ヲ擧ケサル以前ニ於テ亂倫ノ擧アリ其結果兒子ヲ設ケタルトキハ其子ハ正當ノ婚姻ニヨリテ生レタルモノト異ナリ法律上ノ所謂私生子タリ然

レトモ其後ニ至リ父母婚姻スルトキハ正當子タルノ分限ヲ得セシムルハ諸國法制ノ一致スル所ナリ今ヲ去ルコト殆ント千六百年前羅馬ノコンスタンチン帝ノ時代ニ於テ既ニカヽル規定アリタリ帝カ斯ル法令ヲ發シタルハ一ニ同帝カ基督教ヲ公認シ自ラ其信徒トナリ頻リニ仁惠ノ心ヲ抱キ私生子カ不幸ノ位置ニ在ルヲ憐ミタルト二ニハ當時羅馬ノ風俗腐敗シ人口漸次減少スルノ割合ニ私生子多カリシヲ憂ヒ成ル可ク正當ノ婚姻ヲ奬勵センコトヲ欲シタルニアリ我民法ニ於テモ亂倫ハ子ノ罪ニアラスシテ親ノ罪ナリト

ノ主意ニヨリ亦諸國ノ法制ト其趣キヲ同フセリ

◎神ハ相續人ヲ造ル人ハ之ヲ造ラス

凡ソ相續ノ基礎如何ニ關シテハ古來學者間ニ議論紛々タリ然レトモ近世歐洲大陸ニ行ハルル學說ハ「相續權ハ死者生存中ノ愛情ヨリ生スル推測ニ基ク」ト云フニ在リ之ヲ詳言スレハ凡ソ人ハ其生存中一切ノ財產ヲ隨意ニ處分スル權能アリ然ルニ若シ人カ生前ニ其財產ノ處分ヲ爲サスシテ死亡シタルトキハ如何ニ爲スヘキカ斯ル場合ニ於テハ宜シク死亡者ノ意思ヲ推測シテ其財產ノ處分ヲ定メサル可ラス此意思ハ即チ

相續權ヲ認ムル基礎ト爲ルヘキモノナリ故ニ此學說ニ依ルトキハ相續權ハ死者ノ意思ノ推測ニ基クモノナルヲ以テ茲ニ血統上ノ關係ヲ定ムルノ必要ヲ生ス何トナレハ一般ノ人情トシテ人ハ其財產ヲ先ツ子ニ傳ヘンコトヲ希望シ子ナケレハ孫ニ傳ヘンコトヲ希望スルノ意思アルモノト推測スルコトヲ得レハナリ去レハ此學說ニ依據シテ編纂セラルヽ相續法ハ相續權ノ基礎ヲ死者ノ意思ノ推測ニ置クト同時ニ亦血統ノ親疎遠近ニ依リテ權利ノ歸屬者ヲ定メサル可ラス而シテ此學說タルヤ現今一般ニ學者ノ贊同スル所ニ

シテ他ニ有力ナル反對說アルヲ見サルナリ夫レ此ノ如ク相續人ヲ定ムニ當リテハ先ツ其被相續人ノ近親ヨリ漸次遠親ニ及ホスモノナレハ猥リニ其間ノ順位ヲ變更スルコトヲ許サヽルナリ「神ハ相續人ヲ造ル人ハ之ヲ造ラス」トハ此血統ハ自然ニ出ツルモノナレハ人爲ヲ以テ亂ス可ラスト云フニアランヤ

◎先代ニ發スル權利ハ承繼人ニ成長ス

承繼人ニ二種アリ一ハ特定承繼人ト云ヒ一ヲ一般承繼人ト云フ特定承繼人トハ特定セル權利ヲ承繼スルモノニシテ一般承繼人トハ其權利ト義務トヲ包括シ

テ承繼スルモノヲ云フ是等ノ承繼人ハ其先代ノ有セシ權利ハ之ヲ主張シ得ヘキモノトス而シテ是等承繼人ハ其承繼シタル先代ノ權利ヲ自由ニ發揮行用スルコトヲ得ヘキナリ

◎直系親族ハ傍系親族ニ勝ル

凡ソ親族ハ之ヲ二分シテ直系親族ト傍系親族ノ二種トス前者ハ父母祖父母及子孫ト云フカ如ク血統ノ直系ニ繼續スルモノヲ云フ後者ハ兄弟姉妹姑姪甥ト云フカ如ク直系以外ニ支分セル親屬ヲ云フナリ而シテ直系親族ハ血脈及愛情ニ於テ傍系親族ヨリ遥カニ密

ナル所アルヲ以テ相續其他親族關係ニ付キ常ニ先位ニアルヘキモノトス

◎身分上ノ行爲ハ他人ニ由テ爲スコトヲ得ス

身分上ノ行爲ハ普通ノ權利行爲ト異ナリ其人ノ身分ニ附着スルモノナレハ其人ニ限リ爲シ得ヘキモノニシテ他人之ニ代ハルコトヲ得サルナリ例ヘハ婚姻ヲ爲スニ當リ第三者之ニ代ツテ爲スコトヲ得サルカ如シ

◎夫婦ハ名譽ノ連帶ナリ

遠キ古ヨリ「夫妻ハ一身ナリ」「妻ニ属スルモノハ皆夫ニ属ス」トノ格言ノ存シタルカ如ク夫婦ナルモノハ相共ニ協力シ相互ニ保護シ以テ百歳ノ苦樂ヲ共ニセンコトヲ契ルモノナリ故ニ社交上常ニ一心同体ノ待遇ヲ受ク去レハ夫ノ名譽ハ妻ノ光榮トナリ妻ノ耻辱ハ亦夫ノ耻辱トナル故ニ夫ヲ誹毀スレハ妻亦其被害者トナリ妻ヲ犯セハ夫亦其被害者ト爲ルカ如シ

◎身分ハ他人ニ譲渡スコトヲ得ス

身分ハ自然的ノ關係ナルヲ以テ其人ニ專属スルモノナリ故ニ之ヲ他人ニ賣買譲渡スルヲ得サルコト尙ホ

自己ノ肉ヲ鬻クコト能ハサルニ類ス乃チ親權夫權ハ其親又ハ夫ニ固着スルモノニシテ之ト共ニ生死シ他ニ移轉セシムルコトヲ得サルモノトス

◎罪惡ハ死亡ニ由テ消滅ス

刑法ハ犯人ノ改過遷善ヲ目的トナス然ルニ犯人既ニ死亡シタルトキハ其目的物既ニ消滅シタルヲ以テ其刑ノ宣告ハ勿論已ニ宣告ヲ受ケタル囚人ト雖トモ之カ執行ヲ爲スコトヲ得サルナリ彼ノ未開時代ニ盛ニ行ハレタル所謂曝首ノ如キハ此格言ニ戻ルコト大ナルモノナリ

◎犯罪ノ情狀ハ後ニ起リタル事狀ニヨリテ加重セラルヽコトナシ

刑法ノ以テ責問スル處ノモノハ既發犯罪行爲其ノモノナリ左レハ其後ニ至リ如何ナル事情發生スルト雖トモ聊カ加重スヘキモノニアラス蓋シ然ラサレハ犯罪行爲其モノヲ罰スルニアラサルカ如キ不都合ノ結果ヲ生スレハナリ

◎承諾者ニ對シテハ非行ナシ

他人ノ承諾ナクシテ其身体ヲ毆打シ若クハ財物ヲ毀損スルハ明カニ非行ナリ故ニ之レカ爲メニ或ハ犯罪

ヲ構成シ或ハ損害賠償ノ責ニ任セサルヘカラスト雖トモ苟クモ承諾ヲ得テ爲シタル以上ハ法律上何等ノ責任アルコトナシ假令ハ撃劍相撲ノ場合ニ於テ相手方ヲ毆打スルモ素ヨリ何等ノ責任ヲ負フコトナシ然レトモ此承諾ノ範圍ニ就テハ自ラ制限ナクンハアラス即チ自己ノ生命ヲ抛棄シ若クハ家屋ニ放火スルコトヲ承諾スルカ如キハ條理上及ヒ慣習上之ヲ許サヽルカ如シ

◎明文ナケレハ犯罪ナシ

各國刑決史ヲ見ルニ其何レノ國ニ於テモ一度ハ裁判

官ハ立法官及司法官ノ二資格ヲ併有シ各處爲ニ付キ犯罪ノ實質ヲ認定スルト同時ニ擅ニ之ニ刑ヲ科シタルノ跡歴然タリ然レトモ如此ハ裁判官ニ廣大ナル擅斷權ヲ與ヘ國民ニ寧處ナキニ至ラシムルモノナレハ大危險ナルモノトス故ニ罪スヘキノ明文ナキ以上ハ聊カ之ヲ罰セサルヲ近世ノ通制ト爲ス

◎罪アレハ必ス罰ス

國家ハ國家自身ノ生存ヲ維持シ發達ヲ企圖スルカ爲メニ禁令若クハ命令ノ法規ヲ設ク然ルニ其法規ニ背反スルハ卽チ犯罪ニシテ國家ノ生存ヲ妨ケ發達ヲ害

スルモノナルヲ以テ刑罰ナル制裁ヲ付シテ之ヲ必罰ス是レ此格言アル所以ナリ若シ夫レ國家刑罰權ノ基本ニ至リテハ幽玄ノ法理深遠ノ學説本書ノ詳説ニ盡ス所ニ非ラス敢テ之ヲ省ク

◎刑ヲシヲ其罪ニ比例セシメヨ

犯罪ト刑罰トハ互ニ因果ノ關係ヲ有スルモノナレハ犯罪ノ大小ニヨリ其科スル處ノ刑罰モ亦輕重ナカルヘカラス罪刑衡平ヲ得サレハ野蠻ノ刑律ニシテ文明ノ制度ニアラス

◎刑ハ必ス爲サヽルヘカラサル人ニ科セ

ス

法律上必ス爲サヽル可カラサルモノハ必ス其爲サヽルヘカラサル義務ヲ負フモノナリ而シテ其義務ヲ履行スルノ結果適々刑裁ニ觸ルヽコトアリト雖トモ固ト義務履行ニ屬スルモノナレハ刑法ノ問フ處ニアラサルナリ例ヘハ官吏其上官ノ命令ニヨリテ爲シタル法律違反ノ如キ是ナリ

◎刑ハ公ニ宣告ス

刑ノ宣告ハ勿論其裁判モ亦公開シテ衆庶ノ傍聽ヲ許ス是レ文明國一般ノ通制タリ然ルニ訊問辯論及答辯

ノ結果或ハ政治上ノ機密ヲ暴露シ或ハ醜猥卑陋ナル事實ヲ摘擧セサルヲ得サルカ如キ場合ニ於テハ裁判ノ傍聽ハ之ヲ禁止ス然レトモ此場合ニ於テモ其裁判ノ申渡ハ必ス之ヲ公ニス是レ一ハ裁判官ノ私曲ヲ萬一ニ防クニ足リ一ハ犯罪必罰ノ例ヲ示シ以テ自ラ世人ヲ鑑戒セシメントスルニアリ

◎刑ハ一身ニ止ル

支那ノ古典ニハ刑ハ三親九族ニ及フトアリ是レ徒ニ無辜ヲ罪スルモノニシテ近世法理ノ斷シテ採ラサル所ナリ元來刑ハ犯罪人其モノニ科スル制裁ナレハ犯

罪者以外ニ及ホスヲ得サルコト寔ニ明瞭ノ法理タリ故ニ假令ハ罰金刑ノ場合ト雖トモ其言渡ヲ受ケタル被告人ノ相續人ヨリ之ヲ徵收スルヲ得サル可キナリ

◎刑ハ貧富貴賤ニ依テ別ヲ立テス

古ハ貴賤貧富ニ因テ刑科ヲ異ニモリ我國大寳ノ刑律ニモ議請減ナル規定アリテ犯人ノ門地位階等ニヨリ刑ノ適用ヲ異ニセリ亦降テ德川幕府時代ニ至リテモ亦其趣旨ヲ殘留セルヲ見ル是レ獨リ我國ノミナラス往昔ハ各國一般ニ然ラサルハナカリシナリ然レトモ文運發達スルト同時ニ凡ソ吾人ハ刑典ノ前ニ於テハ

平等ナリトノ感念ヲ助長シ牢乎トシテ亦動ス可ラサルノ原則ト爲レリ是此數言ヲ生シタル所以ナリ

◎刑ハ肉体ヲ毀損セス

往昔ハ世界各國何レモ肉刑ヲ採用セサルモノナシト云フモ强チニ諺言ニアラサルナリ今當時ノ刑制ヲ回顧スレハ吾人ヲシテ粟然タラシム我國ニ於テモ亦之ト同シク黥刑ノ如キハ既ニ上代ヨリ行ハレ大寶以後ニハ成文上笞杖ノ刑アリテ德川氏ノ頃ヨリ黥ト並ヒ行ハレタリ是レ實ニ刑罪ノ原理ニ反スル蠻風ナルカ故ニ今日ニ在リテハ文明國ノ刑典中概子肉刑ヲ採用

スルモノナシトス

第三章　刑制門

◎刑罰ハ苦痛ナラサル可ラス

刑罰ハ權力アル國家カ一私人ニ加フル處ノ禁令若クハ命令違犯ノ制裁ニシテ苦痛ヲ感セシムルニ足ルモノナラサ　可ラス若シ夫レ罪ヲ犯シタルノ結果更ニ國家ヨリ愉快ヲ與フル如キコトアラハ決シテ犯跡ヲ撲滅スルコト能ハサルナリ而シテ吾人ノ所謂苦痛タランニハ吾人ノ以テ幸福ト爲ス所ノモノヲ滅殺セサ

ル可ラス是刑ハ凡テ吾人生活ノ要素タル生命身体財産榮譽自由等ノ中ニ於テ損害ヲ與フルヲ以テ其手段トスル所以ナリ

◎刑ハ世人ヲ警戒ス

是レ犯罪ヲ未發ニ防ク手段ノ一ニシテクメレン氏ノ如キハ之ヲ以テ刑ノ唯一ノ目的トナシタル程ナリ而シテ其世人ヲ警戒セシムルニハ果シテ如何ニシテ可ナルヘキカ曰ク裁判審理ヲ公ニシ宣告並ニ執行ヲ密ニスルコトナク傍人ヲシテ犯罪ハ人生ノ最大不名譽ニシテ而カモ最大ノ苦痛ナル事ヲ知ラシムルニ有リ

◎刑ハ犯人ヲ懲ラシム

刑ハ犯人ヲシテ改過遷善ノ途ニ導クモノナラサル可ラス若シ夫レ罪餘ノ人ニシテ惡癖ヲ滌除シ亦累子テ罪ヲ犯スノ念ヲ絶タシメナハ一國ノ多幸ト云フヘシ然シテ其如何ナル刑ヲ科シナハ果シテ能ク犯人ヲシテ懲戒スルニ足ルカハ刑法學者ノ苦腦スル處ナリ

◎意思ハ自由ナリ

刑法ハ所爲ヲ立配シ道德及ヒ宗敎ハ意思ヲ支配ス夫レ所爲ナルモノハ意思ノ外界ニ發表セラレタル事實ナリ而シテ其事實カ罰スヘキモノニ該當スレハ刑法

之ヲ罰ス然レトモ意思ハ吾人ノ心理ニ伏在スルモノナレハ之ヲ外界ニ發表シテ事實トナラサル以上ハ如何ニ惡意ヲ抱藏スルモ毫モ公益ヲ害シ若クハ私益ヲ損スル所ナキヲ以テ之ヲ罰スルノ必要ナク道德宗敎ニ一任セリ是レ法律上意思ハ自由ナリト云フ所以ナリ

◎犯意ナキノ所爲ハ罪トナラス

法律上犯罪ノ構成ニハ犯意ナカル可カラス故ニ如何ニ害惡ヲ社會ニ流ス所爲ナルモ之ヲ爲スノ意思ニシテ欠缺スルトキハ犯罪トナラス然レトモ國家ハ國家

自身ノ生存ヲ維持スルカ爲メニハ政略上尙ホ之ヲ犯罪ト看做シテ刑罰ヲ科スル場合ナシトス例ヘハ我刑法ニ於ケル過失殺傷失火犯等ノ如キ是レナリ

◎刑罰權ハ國家ニ屬ス

國家ハ自國生存ノ必要上自衞權ナカル可ラサル事猶ホ有形人ニ異ナラス故ニ其生存條件ヲ害セラレタルトキハ之ニ刑罰ナル制裁ヲ科シ以テ其損害ヲ防止シ併セテ其後ヲ戒ムヘキコト元ヨリ當然ナリトス是レ刑罰權ノ國家ニ屬スル所以ナリ

◎刑法ハ人類ノミヲ罰ス

犯罪ノ主体タルヘキモノハ有形ノ人ニ限ル盖シ人カ其所爲ニ付キ責任ヲ負フ所以ノモノハ凡ソ人ハ國家ト云フ政事社會ヲ離レテ獨リ其生活ヲ全フスルヿ能ハサルカ故ニ先ツ人類ニ因テ成リ立ツ國家自体ノ生存條件ヲ害セサルノ必要ニ基クモノトス遡テ古代ノ法典ヲ見ルニ我國ニ於テモ雨ノ禁獄アリ特ニ歐羅巴ニ於テハ宗敎主義ノ法制スラ行ハレタル時代ニハ間々鼠若クハ虫類カ犯罪ノ主体トナリ刑ヲ執行サレタル例甚タ尠カラス然レ圧如此ハ實ニ稀有ナル奇跡ニ過キスシテ近世ニ於テハ刑法ハ善良ナル人類ヲ保護

セシカ爲メ不良ナル人類ヲ制裁スルモノナリ

◎大赦ハ其罪ヲ消滅セシメ特赦ハ其刑ヲ消滅セシム

大赦モ特赦モ國家ノ恩典タルニ至テハ二者同一ナリ大赦ハ或種類ノ所爲ヲ犯罪ト認メタルニ基ク刑事上ノ効力ヲ盡ク取消スモノニシテ大赦ニ遇フタルモノハ刑法上犯罪事實ヲ行ハサルモノト同視セラルヽナリ特赦トハ有罪ノ確定裁判ヲ經タル一定ノ犯人ニ其刑罰權ノ全部又ハ一部ヲ將來ニ取消スヲ謂フモノニシテ大赦ノ如ク犯罪事實其ノモノ迄モ烏有ニ歸セシ

ムルモノニアラサルナリ

◎必要ハ人ニ特權ヲ與フ

茲ニ所謂必要トハ自由ナキノ謂ナリ凡ソ法律ハ脅迫ヲ受ケテ爲シタル所爲又ヒ意思ナキノ所爲ニ付テハ自由意思ヲ以テ決定シタルモノニアラサレハ其モノヲ責ムヘキノ理ナシ故ニ例ヘハ學者ノ常ニ援用スル處ノ彼ノ難船ニ遇ヒタル二人ノモノ互ニ一片ノ板木ヲ爭ヒ之ニ憑リテ以テ僅ニ溺死ヲ免レントスルニ際シ其自己ノ生命ヲ全フセンニハ他ノ一人ヲ水中ニ衝キ落サヽル可ラサル場合ニハ例ヘ他人ヲシテ鯉魚ノ

腸ヲ肥サシムルニ至ルモ是レ不得止ニ出テタル自由ナキ行爲ナレハ刑法上ノ責任ナキカ如キ是ナリ

◎權利ヲ浸害スル權利ナシ

何人モ他人ノ權利行爲ニ對シテハ之ヲ甘セサル可ラス換言スレハ權利行爲ヲ拒ムヘキノ權利行爲アルコトナシト云フニアリ是レ實ニ民刑ヲ通シ一般ニ認了セラルヽ所ノ原則ナリ今刑事ニ付テ一例ヲ擧ケンニ彼ノ吾人ノ天賦ノ權利タル正當防衞ニ對スル正當防衞ナキカ如キ卽チ是レナリ

◎刑法ハ國家ノ武器ナリ

國家ハ國家ノ自身ノ安寧秩序ヲ維持スルカ爲メニ適當ノ法律ヲ創設ス刑法是ナリ苟モ之ニ觸レタルモノアレハ目スルニ犯罪人ヲ以テシ司法官ナル機關ニ依リテ之ヲ糺問シ之ヲ必罰シ犯罪ナル現象ヲ撲滅スルニ汲々タリ是刑法ハ國家ノ武器ナリト云フ所以ナリ

◎法律ヲ知ラサルヲ以テ其罪ヲ免ル、ヲ得ス

一旦法律トシテ實施セラル、ヤ吾人國民ハ之ヲ知ルト知ラサルトニ論ナク金科玉條トシテ之ヲ尊重シ之ヲ遵奉セサルヘカラス故ニ法律ハ國民悉ク熟知スル

モノト推測シ之カ反對ノ證明ヲ許サヽルナリサレハ全ク法律ヲ知ラサルノ結果罪ヲ犯スコトアリトスルモ法律ヲ知ラサリシトノ理由ヲ以テ其責ヲ免ルヽコトヲ得ス是レ蓋シ一國統治ノ必要ヨリ起リタルモノニ外ナラサルナリ

◎數罪倶發ハ一ノ重キニ從フ

一人ニテ爲シタル幾多ノ犯罪供ニ發覺シタル場合ニ於テ各別ニ之ヲ罰スルコトヽセハ些々タル犯罪モ場合ニヨリテハ重罪ノ刑ト殆ント撰フ所ナキニ至ルヘク是ノ如キハ被告人ニ對シ甚タ酷ニ失スルノミナラ

ス始メ被告人ノ一罪ヲ犯スヤ國家ニ於テ早ク已ニ之ヲ摘發シ刑罰ヲ以テ懲戒スルニ於テハ一旦ハ過ヲ改メタルヤモ知ルヘカラス然ルニ之ヲ抛棄シタルハ國家亦多少ノ過失ナシトセス故ニ數罪倶發ノ場合ニ於テハ唯タ其中ニ就テ所犯情狀一ノ重キモノニ從テ之ヲ罰スヘキヲ正理トス

第四章　訴訟門

◎告ケサレハ理セス

是レ司法上ニ於ケル大原則ナリ裁判所ハ訴ノ提起ア

リテ始メテ其裁判權ヲ行使スルモノニシテ而カモ其裁判ハ必ス訴ノ範圍内ニ止マルヘキモノトス是レ不干渉主義ヲ採ル所ノ民事ノ訴訟ニ於テハ素ヨリ謂フヲ俟タス何トナレハ私法上ノ權利ハ自由ニ拋棄シ得ヘキモノナルカ故ニ私權爭議ニ關シ審判ヲ受クルモ受ケサルモ固ヨリ吾人ノ自由ニ任スル所ナレハナリ然レトモ干渉主義ヲ採ル所ノ刑事訴訟ニ於テハ果シテ如何是亦原則トシテ此格言ノ適用ヲ受クルナリ蓋シ近世一般ノ立法ハ檢事ハ國家ノ公益ヲ代表シ犯罪アリト思料シタルトキハ起訴ヲ爲シ裁判官ハ之ヲ審

理スルノ規定ナルカ故ニ從テ檢事ノ起訴ナケレハ裁判所ハ之ヲ受理スルコト能ハサルノミナラス假令起訴アリトスルモ檢事ノ請求以外ニ付キテハ審理スルヿヲ得ス若シ其以外ニ超越シタルトキハ其手續ハ無効タルナリ

◎一事再理セス

此原則ハ遠ク羅馬法ニ起源ス同法ノ意ニ曰ク裁判所カ下シタル裁判ニシテ確定ノ制度ヲ認ムルコトナカランカ上訴ニ上訴ヲ重子何時ニテモ之ヲ反覆スルコトヲ得ヘクシテ終ニ其底止スル所ヲ知ラサルニ至ル

ヘキノミナラス裁判ノ信用何ヲ以テカ維持スルヲ得ンヤ確定裁判ノ制度ヲ認ムルハ實ニ止ムヲ得サルニ出ツト而シテ之ニ反對スルモノハ羅馬法王ノ法律タル「カノン」法ナリ其理由ニ曰ク今夫レ確定裁判ノ制ヲ採ランカ其裁判ノ善タルト惡タルトニ拘ラス悉ク皆確定シテ亦動スヘカラサルニ至ルヘシ明裁判ナレハ卽チ可ナリ然レトモ若シ不正不當ノ裁判ナルトキハ他ニ之ヲ救濟スルノ道ナカルヘシ是レ豈實体上ノ眞實發見ヲ主義トスル訴訟法ニ於テ採用スヘキ制度ナランヤ唯夫レ法律ノ企圖スル處ハ實体上ノ眞實如何

ニアリテ存ス苟クモ裁判ニシテ實体上ノ眞實ヲ得ントスルニハ幾度之ヲ變更スルモ裁判ノ神聖裁判ノ信用ニ於テ何ノ毀損スル處カ之レアラン一事不再理ノ原則ノ如キハ實ニ架空ノ妄想ニ過キスト要スルニ羅馬法ハ社會必要並ニ裁判ノ信用上ヨリ確定裁判ノ制ヲ採リ「カノン」法ハ實体上眞實ヲ發見スル點ヨリ之ヲ認メサリキ二者各一理アルニ依リ爾來此二主義ハ互角ノ勢ヒヲ以テ繼續ニ來レリ然レトモ今日ニ於テハ一旦訴訟落着シ裁判確定シタル上ハ其確定裁判ハ眞正ナルモノト看做シ牢乎トシテ亦動スヘカラサルモ

ノトシ再ヒ受理セサルヲ原則トセリ

◎利益ナケレハ訴權ナシ

此格言ハ羅馬法以來連綿トシテ適用セラレツヽアルモノナリ夫レ法律ハ吾人ニ權利ヲ付與スト雖トモ若シ其實行ニ協力セサランカ弱者ハ手ヲ空シテ強者ノ犯權行爲ヲ傍觀セサルヲ得スシテ吾人ノ權利ハ殆ント有名無實ニ了ランノシ是レ豈ニ治國ノ要道法律ノ精神ナランヤ故ニ權利者ハ其權利ノ實行ヲ正確ナラシメンカ爲メニ國家ノ權力ヲ請求スルコトヲ得之ヲ訴權ト云フ而シテ訴權ナルモノハ固ト權利者ノ利益

ヲ保護セントスルニアルモノナレハ勝訴ノ結果何等ノ利益ヲモ有セサルモノニ對シテハ之ヲ與フルノ必要毫末モ之レアラサルナリ是レ利益ナケレハ訴權ナシト云フ所以ナリ

◎何人モ自己ヲ訴フルヲ得ス

凡ソ訴訟ハ人ト人トノ間ニ於ケル爭議ニシテ自己一身ノ心裡ニ往來スル利害得失ノ問答ニアラサルナリ故ニ一訴訟ニ付原告トナリ併セテ被告タルノ兩資格ヲ兼ルコト能ハサルハ云フヲ俟タサルナリ

◎時ノ經過ハ公訴權ヲ消滅セシム

凡ソ公訴權ニハ之ヲ使用シテ消滅スルモノト使用セスシテ消滅スルモノトアリ而シテ其使用ニ因テ消滅スル場合ハ確定判決ニシテ之ヲ使用セサルカ爲メニ消滅スル場合ハ茲ニ所謂時ノ經過卽チ時效ナリトス公訴權ハ何故ニ時效ニヨリテ消滅スルヤ之ニ干シテハ學說區々ニシテ未タ歸スル所ナシ以下各說ニ付キ其當否ヲ論セントス第一說ニ曰ク時效ハ被告人ノ利益ノ爲メニ設ケタルモノナリト此說ハ被告人ヲ所罰スルノ主義ト全ク相反スルモノニシテ之ヲ是認スルヲ得ス第二說ニ曰ク被告人ハ實際刑ニ處セラルヽコ

トナキモ其遁逃隱匿ノ時間中大ニ心神ニ苦痛ヲ感シ恰モ刑ヲ受ケタルト同一ノ效果ヲ有スルヲ以テ之ヲ設ケタルモノナリト此說モ亦之ヲ採用スルニ足ラス何トナレハ實際上ニ於テハ刑ノ執行ヲ受ケタルト同一ノ苦痛ヲ覺ヘサルノミナラス尚ホ罪惡ヲ重ヌルモノ多ク又現今ノ統計ニ依ルモ犯罪人ハ到底改良セサルノ徒多キヲ占ムルカ如キ狀態ナレハナリ第三說ニ曰ク社會ハ時日ノ經過ニ因リテ犯罪事實ヲ遺忘ス夫レ幾年ノ久シキ社會既ニ犯罪ヲ遺忘シタルニ拘ハラス尚ホ舊時ノ罪惡ヲ摘發シテ之レヲ法定ニ暴露シ以

テ處罰スルカ如キハ社會ノ人心ヲシテ法律ノ苛酷ニ過クルノ感ヲ發セシムヘク實際ニ害アリテ益ナキカ故ニ時效ノ制ヲ設ケテ其弊ヲ防キタルナリト此説モ亦信ヲ置クニ足ラス凡ソ所罰ノ權義ヲ有スルモノハ個人ノ集合シタルモノニ非スシテ無形人ナル國家ナルカ故ニ決シテ犯罪事實ヲ遺忘スルカ如キ理由ナシ故ニ此説モ亦採用スルヲ得ス第四説ニ曰ク被告人ニ對スル利益不利益ノ證據ハ共ニ時日ノ經過ニヨリテ消滅ニ歸スルハ自然ノ結果ナリ既ニ自然ノ結果トシテ證據堙滅ノ後尚ホ其犯罪ヲ罰セントスルモ到底事

實ノ眞想ヲ發見シ正當ニ法律適用ノ目的ヲ達スルコトヲ得ス尤モ犯罪ニ干スル證據ハ時日ノ經過ニ因リテ必スシモ常ニ湮滅スト云フ可ラス時トシテハ被告人ノ利益不利益ノ證據共ニ消滅スルコトアリ又然ラサルコトアリ然レモ此二個ノ場合ヲ熟考スルニ普通ノ狀態トシテ時ノ經過ハ證據ノ湮滅スル場合最モ多キコトハ爭フ可ラサルノ事實ナルカ故ニ時效ノ制度ヲ設ケタルモノナリト此說ハ稍々時效ノ精神ト適合スルモノト云フ可シ是レ時效制度ノ因テ起リシ所以ニシテ犯罪後一定ノ期間ヲ經過セハ公訴權消滅スル

所以ナリ

◎法律ハ將來ナ現定シ裁判ハ既往ヲ判定ス

裁判ハ一國司法權ノ動作ナリ司法權ナルモノハ既存ノ事實ニ對シ現行ノ法律ヲ適用スルニアリ左レハ將來ノ出來事ヲ豫メ想像シテ判決スヘキモノニアラス只法律ノ既ニ定マルモノヲ事實ノアルコトニ適用スレハ乃チ可ナリ

◎日曜日ハ安息日ナリ

日曜日ハ一ニ之ヲ安息日ト稱シ固ト宗教上ノ制規ニ

源ヲ溯ミタルモノナリ而シテ今ハ乃チ各國法律ノ上ニ於テ亦之レヲ認ムルコト、ハナレリ夫レ日月ノ運行若クハ地球ノ回轉ノ如ク間斷ナキ動作ハ勢力ニ制限アル人力ノ到底企テ及フ所ニアラス加之人事日ニ多端ヲ加フルノ今日ニ於テハ一週一日ノ間ヲ得テ安息ノ樂園ヲ作ルハ吾人々類ノ生活ニ最モ適合スルモノタリ故ニ此當日ハ訴訟行爲ヲ爲サヽルヲ原則トス假令ヘハ我民事訴訟法ニ於テモ已ムヲ得サル場合ニアラサレハ日曜日ニハ口頭辯論期日ヲ開カサルカ如キ若クハ民事訴訟法ニ於テ日曜日ニハ一般ノ送達ヲ

禁スルカ如キ或ハ上訴期間ヲ起算スルニ當リ終日ノ日日曜日ナルトキハ之ヲ期間ニ算入セサルカ如キ是ナリ

◎刑事訴訟ハ實体上ノ眞實ヲ求メ民事訴訟ハ形式上ノ眞實ヲ求ム

刑事訴訟法ト民事訴訟法トヲ問ハス其眞實ヲ求メント欲スルノ點ニ於テハ二者差異アルコトナシト雖𪜈一ハ形式上ノ直實ヲ以テ滿足スルト一ハ之ノミニテハ滿足セス裁判所自ラ眞實ナリト確認スル迄證據ヲ集取スルトノ點ニ於テ區別アリ刑事訴訟ハ實体上ノ

眞實ヲ求ムルヲ以テ當事者ノ提出セル證據ノミニ甘ンセス必要ナリトスルトキハ裁判官職權ヲ以テ自ラ證據ヲ集取スヘシ之ニ反シテ當事者ノ自認ニ專ラ重キヲ置キ裁判所自ラ證據ヲ集取スルコトナク其提出シタル證據範圍內ニ於テ眞實ヲ求ムルヲ例トス同シク刑事訴訟ナレトモ英國法律ハ寧ロ形式上ノ眞實ヲ求ムルノ主義ニ傾アルモノヽ如シ是レ大ニ歐洲大陸ト異ナル所ナリ歐洲大陸ニ於テハインシノーセント第三世カ惡風聞ハ神ノ唱ヘシムル所ナリ天帝代理者タル法王ハ其眞實ナルヤ否ヲ確ムルノ權アリト主張シ

テ糺問法ヲ創制シ豫審制度ノ濫觴ヲ開キシヨリ以來此主義ヲ採用シ當事者ノ提出セル證據ニ滿足セス裁判所自ラ滿足スル迄證據ヲ集取スルコトヽナレリ我現行法ニ於テモ亦此主義ヲ採レリ盖シ刑事訴訟法ノ實体上ノ眞實ヲ求メンﾄスルハ學者ノ所謂義務主義ヲ採用シタルモノニシテ則チ犯罪必罰ノ原則ニヨルモノタリ民事訴訟法ノ形式上ノ眞實ヲ求ムルノミニテ甘ンスルモノハ學者ノ所謂權利主義ヲ採用シタル結果ニシテ元來民事ノ訴訟ハ個人ニ屬スル私權ノ救濟ニアルヲ以テ裁判所ハ濫リニ之ニ關渉セサルヲ旨

趣トスレハナリ

◎上等權ノ前ニ下等權止ム

千百ノ裁判所ハ各同一平等ナルモノニアラス始審控訴豫審上告審等上下ノ段階整然トシテ備ハレリ而シテ下級裁判所ノ判決若シ誤アルトキハ上級裁判所ニ至テ更正セラルヽナリ

◎同等ハ同等ヲ制スル能ハス

都テ社會ノ事務ハ優劣ノ區別ナケレハ以テ制服ノ干係ヲ生セス同一等級ノ各裁判所ハ權限ニ於テ優劣ナキモノナルカ故ニ互ニ制スル能ハスト云フニアリ

◎人ハ自己ノ訴訟ニ裁判官タル能ハス

至誠無我語道徹底ノ仙客ノ士ハイサ知ラス我田引水ハ寧ロ人情ノ常タリ「夫天地間物各主有苟非吾之處有雖一毫而無取唯江上之淸風與山間之明月已」ト詠シタル古人モ我カ有スル所ノモノハ蓋シ努メテ之ヲ護タルナルヘシ裁判官亦人ナリ羽化登天ノ仙客ニアラス萬通自在ナル神明ニアラス私慾ノ爲メニ眩惑スルコトナキヲ保センヤ去レハ自己カ其訴訟ニ當事者タル場合ノ如キハ公平ナル裁判ヲ與フルコト能ハサルヤ推知スヘキナリ於是乎各國ノ訴訟ニ於テモ何レモ此

格言ヲ認メ除斥回避忌避等ノ規定ヲ設ケ以テ裁判ノ公平ヲ保障シタルナリ我カ刑事訴訟法ニ於テモ判事被害者ナルトキハ其ノ裁判官ハ法律上當然其所爲ヨリ除斥セラルヽモノトス若シ判事ニシテ除斥セラルベキニモ拘ラス審理セントスルトキハ當事者ハ何時ニテモ其判事ヲ忌避センコトノ申請ヲ爲スコトヲ得亦其當事者ノ申請ノ有無ニ拘ハラス判事ニ於テ其除斥セラルヽ原因アルトキハ自ラ退キテ其訴訟ニ干與セサルヘキナリ民事訴訟法ニ於テモ亦之レト同一ノ理由ニヨリ判事ノ原告若クハ被告ナルトキハ除斥若

タヘ忌避セサルヘキモノトセリ

◎裁判官ハ法律ヲ宣告ス決シテ制定セス

裁判官ハ司法ノ機關ニシテ立法ノ機關ニアラス故ニ裁判官ハ有効ニ現存セル法律ヲ解釋シテ之ヲ各事件ニ適合スルニ在リテ新ニ法律ヲ制定スルモノニアラス裁判官ニシテ法律ノ明文ヲ適用スル場合ハ固ヨリ疑ヒナシト雖トモ條理ニ基キテ處斷スル場合ノ如キハ恰カモ立法者タルカ如キ感ナキニアラス然リト雖モ決シテ然ラス其所謂條理ヲ以テ斷スルハ素ト法律ニ於テ豫メ條理ヲ以テ斷スヘキヲ命シタルモノナレ

ハ之ヲ適用スルハ猶ホ法律ニ於テ慣習ニ因ルヘキヲ命シタル場合ニ其慣習ヲ適用スルハ即チ法律ノ適用問題トナルト均シキナリ

◎古キ道ハ安全ナル道ナリ

此格言ハ裁判所カ審理手續ヲ進行スルニ當リ先例ニヨルヲ安全ナリト云フニアリ裁判所ハ法律ヲ自由ニ解釋シ其解釋スル所ニヨリテ之ヲ適用スヘキモノニシテ敢テ先例ニ拘泥スルノ要ナキナリ然レトモ單ニ其內部ニ關スル審理ノ手順等ハ妄リニ變更セス舊格古例ニヨルモ法律ニ反セサル以上ハ妨ケナシトス蓋

シ此等ノ事例ハ素ト其裁判所ニ於ケル便宜上ヨリ生シタルモノ多ケレハナリ

◎新奇ヲ術フハ危險ナリ

裁判官ノ一言一行ハ直チニ民人ノ利害休戚ニ關スルヲ以テ勉メテ正確着實ニ所務セサル可ラス妄リニ新ヲ追ヒ奇ヲ好ミ舊例ヲ顧ミサルカ如キコトアル可ラス然ラサレハ啻ニ民人ヲシテ適從スル所ニ迷ハシムルノミナラス裁判審理モ往々ニシテ危險尠シトセサルナリ

◎已ムヲ得スシテ許容シタルコトハ先例

ト爲ス能ハス

裁判ヲ爲スニ當リ既ニ先例アルノ謂ヒヲ以テ枉ケテ法律ヲ適用スルハ固ヨリ不可ナリ然レトモ法律上認メラルヽ限リハ先例ヲ以テ斷スルハ各國ノ通習ニシテ而カモ亦頗ル便宜ナリトス去リ乍ラ事態止ムヲ得スシテ許容シタル事例ノ如キハ其事件ニノミ限ルヘキ性質ノモノナルカ故ニ之ヲ一般ノ事件ニ適用スヘカラサルナリ

◎裁判官ノ職務外ノ行爲ハ無効ナリ

凡ソ裁判官タルモノヽ職權ハ上下ノ階級ヲ通シ各一

定ノ限界アリテ存ス故ニ其法律ニ明定セラレタル權限ヲ超越シテ爲シタル所分ハ適法ナル裁判官タル資格ニ出ルモノニアラサルヲ以テ何等ノ効力ナキコト勿論ナリ

◎迅速ニシテ完全ナル裁判ヲ双方ニ與フヘシ

凡ソ社會ノ事務ハ凡テ敏速ニシテ確實ナルヲ要ス裁判官モ亦此心懸ケナカル可ラス單純ナル一訴訟ニシテ其提起ノ始メヨリ其結局ノ終リニ至ル迄幾多ノ歳月ヲ要ストセハ民人ノ遺憾果シテ如何ソヤ勿論訴訟

ハ原被相互ニ一攻二一擊甲論乙駁只管勝訴センコトヲ期スルモノナレハ勢ヒ日ヲ重ヲ月ヲ積ムニ至ルヘシト雖トモ裁判官ハ常ニ訴訟ノ進行ニ留意シ成ル可ク迅速ニ審理判決セサル可ラス然ラサレハ裁判事務ノ遲滯ヲ來シ當事者ノ遺憾寧ロ訴訟ヲ提起セサルノ優レルニ如カサルカ如キモノアリ此格言ハ之ヲ警ムニ在リ

◎重キヲ先ニシ輕キヲ後ニス

二個以上ノ訴訟カ唯タ同一裁判所ニ集合シタルトキハ裁判所ハ如何ナル順序ヲ以テ審理スヘキカ之ニ關

シ羅馬法以來未タ曾テ變更セラルヽコトナク一般ニ行ハルヽ所ノ準則ハ重大ナル事件若クハ急速ヲ要スル事件ハ輕微ナル事件若クハ急速ヲ要セサル事件ニ先チテ裁判スト言フニアリ是レ一ハ裁判事務ノ進行ト他ハ當事者ノ便宜トヲ慮リタルニ外ナラス

◎文字ニ拘泥スルハ判官ノ不能ヲ表スモノナリ

裁判官タルモノハ其係爭ノ事實ヲ具ニ考察シ之ニ法律ヲ適用スルニ臨ンテヤ須ク法律ノ精神ニ基キテ斷定セサル可ラス徒ラニ一言半句ノ末葉ニ局蹐シ以テ

法律ノ眞意ヲ誤ラサルヲ要ス

◎檢事ハ一体ナリ

檢事ハ國家ヲ代表シ以テ公益ヲ保護スヘキモノナレハ判事ノ如ク不羈獨立各々其職務ヲ行フヘキモノニアラス若シ夫レ檢事ヲシテ獨立ノ保障アルコト尙ホ判事ノ如クナラシメハ公益ヲ保護セントスル國家ノ目的ハ往々ニシテ達シ得ラレサルコトナキニアラス故ニ苟クモ檢事ノ制度ヲ認メタル國ニ於テハ檢事ハ其職務ヲ行フニハ上官ノ命令ニ從ハサル可ラサルモノトセリ所謂檢事一体トハ乃チ此上官專制ノ意タル

ナリ故ニ下級檢事ノ爲シタル行爲ハ上級檢事ノ爲シタル行爲ト同一ニ看做サルヽモノナリ左レハ一檢事ノ行爲ニシテ其内部ニ於テハ或ハ上官命令ノ違背タルヘキ處分ナリト雖トモ外部ニ對シテハ瑕疵ナキ有效ナル處分ト爲スヘシ蓋シ命令ニ違反シテ爲シタル處分モ尙ホ此原則ニヨリ上官ノ爲シタル處分ト看ルヘケレハナリ

◎檢事ハ法律ノ番人ナリ

此格言ハ遠ク佛國ニ行ハレタルモノニシテ檢事ハ法律ノ正當ニ執行セラルヽヲ監督ストノ意味ナリ此檢

事制度ナルモノハ固ト佛國ニ濫觴セルモノトス抑モ同國ニハ千四百年代既ニ檢事ノ設ケアリ而シテ當時ノ檢事ハ國民ノ代理者トシテ訴訟ニ與カリ其司ル處ハ一ニ沒收ニ係ル財產ヲ取上ケ罰金ヲ徵收スルノミニ止マリシモ其後王權ノ擴張ト共ニ裁判所ニ對スル檢事ノ職務モ亦廣大トナリ裁判監督起訴執行ノ權ヲ有スルニ至レリ卽チ路易十四世以來國家ノ機關トナリ多大ノ權力ヲ有シ裁判所ノ裁判ヲ蹂躪スルモノハ實ニ此檢事ナリシナリ從テ千七百九十年佛國革命ノ際ニハ國民ノ怨府トナリ佛國王家ト共ニ倒レ國民議

會ハ之ニ代リ英國ヨリ陪審ノ制度ヲ輸入シ公訴ノ提起ハ一ニ之ヲ大陪審官ニ委ネタリ然ルニ奈翁ハ千八百八年ノ佛國法律編纂ノ際大陪審官ノ制度ヲ廢止シ檢事制度ヲ復興シ之ニ起訴監督執行ノ權ヲ委ネタリ是レ蓋シ那翁カ檢事ヲシテ自己ノ意思ヲ裁判所ニ行ハシメントシタル政略ニ出テタルモノナルヘシ而シテ現今ニ於テハ檢事ハ第一裁判所ヲ監督シ從テ裁判官ヲ監督スルノ權アリ第二法律ノ執行ニ注目シ年々合同シテ其法律ノ利害ヲ論スルノ權アリ第三檢事ハ起訴唯一ノ機關ニシテ特別ノ場合ノ外檢事ニ依ラス

シテ公訴ノ提起セラルヽコトナシ第四ハ司法警察官ノ長官ニシテ之ヲ指揮シ犯罪ヲ捜索スルノ權アリ第五裁判ノ執行ヲ監督スルノ權アリトス其レ如斯佛國ニ於ケル檢事カ其權限ノ偉大ナルコトハ蓋シ此格言ノ適用ニ外ナラサルナリ然レ𪜈歐洲大陸今日ノ嚮勢ハ檢事ハ公訴ヲ提起シ及ヒ其裁判ヲ執行スルノ職務ヲ有スルノミニシテ裁判ノ監督權等ハ之ヲ有セシメサルモノトス我邦モ之ト同シ

◎審問ヲ受ケスシテ罰セラルヽコトナシ

往古自由思想未タ普及セサル時代ニアリテハ被告人

ヲ見ルコト恰モ非人類視シ頗ル苛酷ナル取扱ヲ爲シタリ所謂拷問ノ制ニ因リ其一斑ヲ知ルヘキナリ然ルニ近世ニ至テハ被告人ト雖トモ一ノ訴訟上ノ當事者タルノ地位ヲ有シ妄リニ裁判所若クハ裁判官ノ職權ノ下ニ屈スルモノニアラスシテ法律ニヨリ訴訟ヲ爲スモノナリトノ主義盛ニ行ハルヽニ至レリ是レ洵ニ自由主義ノ與ヘタル賜ナリトス既ニ被告人ハ訴訟上ノ當事者ナレハ其防衛權ナカル可ラス我カ刑事訴訟法ニ於テモ此主義ヨリ被告人ニ種々ノ防衛權ヲ與ヘタリ今試ニ之ヲ擧ケンニ第一被告人ハ直チニ取調ヲ

受クルコトヲ拒ムノ權ヲ有ス彼ノ召喚狀又ハ呼出狀ノ送達ト出頭トノ間ニ二十四時間若クハ二日間ノ猶豫ヲ與フルモノハ全ク公訴ニ付キ被告人ニ準備ノ時間ヲ與フルニアリ故ニ特別ナル場合ヲ外ニシテハ若シ裁判所カ猶豫ヲ與ヘサルトキハ出頭尋問ヲ拒ムコトヲ得ヘシ第二被告人ハ證據ヲ申立ツルノ權アリ第三被告人ハ裁判所ニ於テ辨論ヲ爲スノ權アリ抑モ裁判所ハ被告人ニシテ逃走セサル以上ハ必ラス呼出シテ裁判セサル可ラス被告人ノ出廷ハ一ノ義務ナレトモ出廷シ辨論ニ與カルヽ一ノ權利ナリ被告人ヲシテ

出廷セシメス一回ノ審問チモ為サス證據ニ付キ申立權ヲ喪失セシメ辨論ヲモ為サスシテ裁判ヲ下スカ如キハ不法ノ甚シキモノト云ハサルヲ得ス最モ缺席判決ノ如キハ例外ナリトス第四裁判ニ不服ナルトキハ之ニ對シ上訴ヲ為スノ權ヲ有ス此等訴訟上ノ權利ハ皆被告人ヲシテ枉寃ニ屈セサラシメンカ為メ附與シタル所ノモノナレハ審問ヲ受ケスシテ罰セラルヽ謂ナシトス凡ソ被告人ノ訊問ニ付テハ古來三個ノ學説アリ序ニ之レヲ說明セン第一說ハ被告人ノ不利益ナル自白ヲ求ムルモノトシ第二說ハ被告人ノ利益ナ

ル辨解ヲ爲サシムル爲メトシ第三說ハ犯罪事實發見ノ爲メトスルモノ是レナリ第一說ハ古代ニ行ハレタル議論ナリ即チ被告人ハ犯罪ノ本人ナレハ犯罪事實ヲ知ルハ被告人ヨリ良キハナシトノ說ヨリシテ被告人ノ自白ヲ求ムルコトヲ之レ勉メ遂ニ拷問ノ制ヲ行フニ至レリ然レ𪜈此說ノ否ナルコト今更ニ言フヲ竢タス第二說及第三說ハ近世立法ニ於テ兼子テ認メラルヽモノヽ如シ

◎裁判官ノ命令ニ從テ事ヲ爲シタル者ハ其責ナシ

裁判執行ノ任アル執行吏ハ其管轄内ニ屬スル事件ニ關シテハ其裁判官ノ命令ニ服從セサル可ラス故ニ假令ヒ其行フ處元來不當ノモノナリトスルモ裁判官ノ命令ニ基キタルモノナルトキハ何等ノ責任ナキモノトス蓋シ裁判官ノ命令ニ從ハサル可ラサルハ執行吏ノ法律上ノ義務ニシテ其義務ヲ履行スルニ付キ制裁ヲ附スト云フカ如キ事アルヘキ筈ナケレハナリ

◎瘠セタル訴訟ハ肥ヘタル和解ニ若カス

此格言ハ私權爭議ヲ戒ムルニアリ凡ソ訴訟ハ一紛議ノ湧出スルニ當リ互ニ圭角ヲ爭ヒ讓歩ヲナサヽルヨ

リ起ルモノニシテ多クノ費用ト永キ歳月トヲ費シ其結果例ヘハ勝訴ノ運ニ及フコトアリトスルモ得失相償ハサルモノ往々ニシテ之ナシトセス況ンヤ敗訴ノ場合オヤ反之和解ナルモノハ相互ニ一歩ヲ讓リ以テ其爭點ヲ溶解スルニアリテ費用ト勞力トヲ省キ原被ノ感情ヲ調和スルヲ以テ訴訟ヲ爲スニ優ルコト萬々ナリトス故ニ我民事訴訟法ノ如キモ亦和解ヲ希望スルノ餘訴訟事件ノ如何ナル程度ニアルヲ問ハス判事ハ和解ヲ試ムルノ權アリトセリ

◎直接證據ハ間接證據ニ優ル

凡ソ直接證據ノ間接證據ニ優ルコトアルハ今更論ヲ俟タス然レトモ古來此間接證據ニ關シ之ヲ認ムヘキヤ否ヤニ付キ大ニ議論アリタリ一般ノ學說トシテハ曰ク證人トハ自己ノ直接ニ感知シタル事實ヲ陳述スル者ナレハ間接ニ聞知シタル者ハ之ヲ證人ト爲ス可ラスト然レ𪜈此說ハ强チ正鵠ヲ得タルモノニアラス何トナレハ凡テ訴訟法ニ於テ間接ニ感知シタル事實ノ證言ヲ禁シタル條項ナキ以上ハ證人ナルモノハ必スシモ自己ノ直接ニ感知シタル事實ノミナラス他人ノ感知シタル事實ヲ傳聞シタルコトヲモ亦陳述スル

コトヲ得ヘキモノナレハナリ今歐米諸國ノ法律ヲ參照スルニ傳聞證據ヲ採用セサルヲ以テ原則トスルモノハ獨リ英國法律アルノミ然レ𪜈英國法律モ亦飽クマテ此原則ヲ固執スルモノニアラスシテ一般又ハ公衆ノ權利ニ關スル明言系統ニ關スル明言往古ノ所有權ニ關スル明言自己ノ利益ニ關スル明言事務又ハ職業ノ執行中ニ爲シタル明言臨終ノ明言等ニ付テハ傳聞モ尙ホ證據タルノ例外ヲ設ケタリ因是觀之證人トハ自己ノ直接感知セル事實ヲ陳述スル第三者ナリト斷言スルノ誣妄ナルヲ知ル可シ勿論傳聞事實ハ其之

ヲ傳聞シタル者ヲシテ證言セシムルヨリハ寧ロ其事實ヲ直接ニ感知セル本人ヲシテ之ヲ證言セシムルノ確實ナルニ若カスト雖トモ直接ニ感知シタル事實ノ陳述ニ非ラサレハ證言タラスト爲スカ如キハ近世法理ノ採用セサル所ナリ要ハ直接證據ハ間接證據ニ優ルヘシト雖トモ二者證據タルニ至テハ一ナリト云フニアリ

◎裁判上顯ハル、處ニ證人ナシ

此格言ハ蓋シ證人ナルモノハ素ト係爭事實ノ不明ナル所ヲ釋然タラシムルニアルカ故ニ裁判所ニ於テ已

ニ顯著ナル事實ハ素ヨリ證言ヲ求ムルノ要ナケレハナリ

◎證人ハ之ヲ量ルヘシ之ヲ算ス可ラス

凡ソ證據ノ効力ハ判事ノ自由ナル公證ヲ以テ判斷スヘシ彼ノ幾干ノ證人アルトキハ完全ナル證據ヲ爲スト云フカ如キハ近世ノ法理ニ反ス此點ニ關シテハ二主義アリ一ハ自由證據主義ト云ヒ一ハ制限證據主義ト云フ此自由證據主義ト云ヒ制限主義ト云フモ何レモ眞實發見ヲ唯一ノ目的ト爲サヽルハナシ然𪜈眞發見ノ目的ハ事ノ實際ニ於テ實ニ至難ノコトヽ云フヘ

シ去レハ古代ニ於テハ人民ノ犯罪アレハ神罰アリト爲シ神明ニ訴ヘテ有罪無罪ヲ決シタリ例ヘハ我國ニ於ケル探湯ノ制ノ如シ邦ノ内外ヲ問ハス人智大ニ進ミテヨリ斯ル變風ハ其跡ヲ絶チ近世ハ自由證據法ト制限證據法ト、主義ヲ生セリ制限證據法トハ證據效力並ニ證據ノ方法ヲ法律ヲ以テ制限スルモノニシテ例ヘハ證人幾人ノ證言アレハ眞實トナスト云フカ如キハ證據ノ効力ヲ制限スルモノナリ又如何ナル證據方法ニアラサレハ眞實ナリト爲サヽルカ如キハ證據方法ヲ制限スルモノナリ約言スレハ制限證據法ハ法律ヲ以テ證據許否幷ニ之カ證據力ヲ制限スルモノニシテ法定ノ條件ニ合セスンハ如何ナル證據アリト雖トモ之ヲ採用スルコトナシ此主義ニ反スルモノヲ自由證據法ト云フ此主義ニ依レハ唯證據方法ニ制限ヲ置キ之カ證據力ノ判斷ヲ判事ニ放任シ全ク判事ノ自由ナル心證ヲ以テ決セシムルニ在リ而シテ制限主義ハ判事ヲシテ唯法律ノ奴隷タラシメ事實ニ適セサル裁判ヲ爲サシムルノ虞アルヲ以テ自由證據主義ハ大ニ歐洲大陸ニ行ハルヽニ至リタリト雖トモ此主義ハ判事ニシテ法律ニ明カナルトキハ良結果ヲ生スヘキ

モ判事法律ニ不明ナルトキハ卽チ恐ルヘキノ惡結果ヲ來スヘシ然レトモ判事ハ普通法律ニ明通スヘキモノナレハ近世ニ於テハ自由證據主義ハ最モ完全ナルモノトセルニ至レリ是此格言アル所以ナリ

◎衆目ハ一目ヨリ善ク見ル

十目ノ同視スル處ハ蓋シ當ラスト雖モ甚タ遠ラス故ニ裁判官ハ事實ヲ確定センニハ先ツ須ク多クノ證言ヲ求ムルヲ要ス

◎何人モ自己ノ爲メニ證人タルヲ得ス

世ニ「余ハ諭ニ正直ニシテ一毫ノ私心ナシ」ト云フモノ

アリトスルモ唯タ其眞實ナルコトヲ信センヤ之ト同シク今訴訟上擧證ノ責アルモノニ於テ自ラ證人タルコトヲ願フモノアリトスルモ之ヲ證人トシテ證言セシムルコト能ハサルヤ甚タ明カナリ然レ𪜈近來之ニ反對スル學說ナキニ非ラスヽ曰ク成程自己ニ利益ナル陳述ハ果シテ信實ナルヤ否ヤ容易ニ信シ難キモノナレハ其自己ノ爲メニ證人タルカ如キハ許ス可ラサルコトヽ爲スヘ一應ノ理由ナキニアラサルヘシト雖トモ亦大ニ然ラサルモノアルヲ如何セン乃チ假令自己カ自己ノ爲メニスル證言ナリト雖トモ豈ニ悉ク信ス

可ラスト斷言スルヲ得ンヤ唯タ疑フヘキモノアルトキハ其證據力薄弱ナリト云フヘキノミ證據力ノ强弱ヲ以テ證據ノ許否ヲ決スルハ近世法理ノ容レサル所ナリト蓋シ理由アルノ說ト云ハサル可ラス

◎證人ハ眞實ナル陳述ヲ爲スコトヲ宣誓ス

訴訟上所謂宣誓ナルモノハ眞實ナル陳述ヲ爲ス保證ノ公言ナリ而シテ證人ノ宣誓ハ固ト宗敎上ヨリ轉化シ來リタルモノナリ即チ宣誓其モノヽ本來ノ意義ハ陳述ノ眞實ナラサルトキハ自ラ天罰ヲ蒙ルヘキコト

ヲ公言スルノ謂ナリ我國ニ於テモ維新以前ニアリテハ誓約ヲ爲ス場合ニ於テ往々此公言ヲ爲シタルモノニシテ卽チ誓約ニ違フトキハ神明ノ罰ヲ蒙ルヘシト爲シタリ而シテ今ハ卽チ法律上宣誓ナル一定ノ形式ヲ明定セリ又英國ニ於テモ往昔ハ宣誓ハ天帝目前ニ於テ陳述ノ眞實ナルコトヲ誓ヒ若シ詐アルトキハ天罰ヲ受クヘキコトヲ公言スルモノト爲シタルカ故ニ天帝ヲ信スル者卽チ「クリスチヤン」ニアラサレハ宣誓ノ能力ナキモノトナシ他ノ宗ノ者ハ總テ證言ヲ爲スコトヲ許サヽリシカ其後ニ至リ如何ナル宗敎ヲ信仰

スル者ト雖トモ尚ホ宣誓ノ能力アリト規定セリ

◎擧證者ハ先ツ最良ノ證據ヲ提出セヨ

此格言ハ専ラ英國證據法ニ於テ行ハル、モノニシテ又是レ證據法理ノ大原則ニシテ擧證者ハ如何ナル證據ヲ裁判所ニ提出スヘキモノナルヤヲ決シタルモノナリ而シテ其所謂最良ノ證據ヲ提出スヘシトハ事件ノ爭點ニ最モ密接ノ關係ヲ有シ最モ善ク之ヲ證明スルコトヲ得ヘキ證據ヲ提出スヘシト云フノ意ニシテ換言スレハ最モ證據力ノ强キ證據ヲ差出スヘシト云フニアリ例ヘハ甲乙以下數種ノ證據アルニ當リ若シ甲ノ證據カ最モ强ク乙以下順次之ニ次クトセハ擧證者ハ第一ニ甲ノ證據ヲ提出セサル可カラサルナリ若シ夫レ之ニ反シテ第一ニ丙ノ證據ヲ提出シ相手方ノ攻擊ヲ受ケテ後乙ノ證據ヲ提出シ又敗訴セントスルニ臨ンテ甲ノ證據ヲ提出スルカ如キコトアランカ訴訟ハ爲メニ延滯シ從テ多クノ費用ト日時トヲ要スルニ至ルヘシ是ヲ以ヲ英國證據法ニ於テ最良ノ證據ヲ提出スルヲ以テ原則ト爲シ我民事訴訟法ニ於テモ亦是ト同一ノ主義ヲ採用セリ

◎證人ハ事實ヲ述ヘ鑑定人ハ意見ヲ述フ

裁判上所謂證人ナルモノハ直接間接ニ其見聞シタル處ノ事實ヲ陳述スヘキモノニシテ敢テ自己ノ意見ヲ吐露スルモノニアラス之ニ反シテ鑑定人ナルモノハ既ニ成就シタル事實ノ蹤跡ニ學理又ハ技術上ノ觀察ヲ施シ以テ之ニ關スル竟見ヲ申述スルモノニシテ敢テ見聞シタル事實ヲ陳述スル者ニ非ス元來係爭事項ハ裁判所ノ自由ナル心證ニ依リ判斷スルヲ以テ原則トス故ニ一般ヨリ云フトキハ裁判所ノ心證ヲ形成スルノ材料タルヘキモノ卽チ證據ハ事實ニ止マルヘキモノニシテ意見ヲ以テ證據ナリトスルハ寔ニ其例外

タリ故ニ意見ノ證據卽チ鑑定ハ當事者ニ屬スル證明ノ機關タルヨリハ寧ロ裁判所ニ屬スル機關タルノ性質ヲ有スルモノト云フヘシ左レハ我民事訴訟法ニ於テモ專實證據卽チ證人ニ付キテハ職權ヲ以テ證據調ヲ爲スヿヲ許サヾルニモ拘ラス意見證據卽チ鑑定ニ付キテハ裁判所ノ職權ヲ以テ之ヲ用ルヿヲ許シ又縱令當事者ノ申立アルモ裁判所ニ於テ必用アリト認メタルトキニ非ラサレハ鑑定ヲ用ユルヿナシ是レ鑑定ノ裁判所ニ屬スル機關タル性質ヨリ來ル所ノモノナリ

◎疑ハシキハ輕キニ從フ

是レ治罪上ノ格言トシテ由來慣用シ來リタル所ノモノタリ夫レ犯罪必罰ハ刑法ノ原則タリト雖モ其法律苟モ吾人ヲ罪セントスルニ當リテハ必スヤ犯罪ノ證憑充分ナルコトヲ要ス若シ夫レ罪跡疑ハシキ場合ニ於テハ輕キニ從テ之ヲ解釋シ處罰スヘキモノナリ

◎代理權限ノ疑シキトキハ狹ク解釋ス

蓋シ何人モ已ニ屬スヘキ事項ハ己レ自ラ之ニ從事スルヲ普通トシ他人ヲシテ代テ之ニ從事セシムルカ如キハ常態ニアラスシテ法理上ノ推測ハ須ク常態ヲ標的トスルモノナレハナリ

第五章　國際法門

◎自國ノ臣民ハ外國ニ引渡サス

一國ノ犯罪人遁逃シテ他國ニ在ル場合ニ於テ之カ引渡ノ請求ヲ受ケタルトキハ他國ニ之ヲ引渡スヘキハ國際法團体ノ共同安全ヲ保護スル所以ナリ左レハ國際法上一般ニ犯人ハ之ヲ引渡スヲ原則トナス然リト雖トモ自國臣民及政治上ノ犯人ハ之キ引渡スノ限リニアラス蓋シ自國臣民カ或種ノ犯罪ヲ犯シタリトノ理由ヲ以テ他國ヨリ請求セラレタル場合ニ之ヲ引渡サヽル可カラストセハ國家ハ遂ニ之カ爲メ自國ノ滅

亡ヲ招クニ至ルヘク國家ハ國家自身生存維持ノ權利ヲ有スルヨリ觀察シ來レハ此義務ヲ負フニ及ハサル所以ヲ知ルニ難カラサル可シ又政治犯ハ之ヲ本國政府ヨリ觀ルトキハ勿論犯罪視スト雖トモ他國ヨリ見レハ少シモ害惡ノ所業ト看ス却テ憂國ノ熱情ヨリ生シタル志士ノ行爲ト看ルヘキ場合アレハナリ

◎政事犯ハ引渡サス

他國ヨリ其國臣民ノ犯罪者タルノ謂ヲ以テ引渡ヲ請求シタルトキト雖トモ其犯人ノ犯ス所政治上ノ犯罪ナルトキハ之ヲ引渡サヽルナリ盖シ政事上ノ犯罪ハ

時ニ變國ノ情勢ニ促サルヽコト有リテ之レヲ正理ヨリ斷スレハ寧ロ罰センヨリハ賞スヘキ場合ナキニシモアラス而シテ之ヲ罰セントスル本國ニ於テハ其是非曲直ヲ正當ニ判別スルコト能ハスト爲シタレハナリ

◎軍艦ハ領土ノ延長ナリ

軍艦ハ國際法上本國ヲ代表シタルモノト看做ルヽモノナレハ他國領海内ニ在ルトキト雖トモ治外法權ヲ有シ停舶國ノ法律ニ服從スルコトナキコト恰モ本國領土ノ茲ニ延長セルモノニ似タレハナリ

◎君主ハ他國ニ在リテモ亦不可侵ナリ

君主ハ其國内ニ於テ不可侵ノ特權ヲ有スルノミナラス國際法上ニ於テモ猶ホ他國ノ主權ニ服セサルモノトス是レ各國國際禮義ニ基クモノナリ君主ハ他國ノ版圖内ニ在ルニ拘ラス其國權ニ服セサルノミナラス他國ヲシテ相當ノ敬意ヲ表セシムルノ特權アルモノトス

◎使節ハ侵ス可ラス

使節ハ一國政府ヨリ派遣セラレ其國ヲ代表シ國際情誼ヲ温ムルモノナレハ君主ト同シク駐在國ノ法權以

外ニ立ツモノトス之ヲ使節ノ治外法權ト云フ

第六章　解釋門

◎俘虜ハ私人ノ俘虜ニアラス

戰爭手段ニヨリ捕獲シタル敵兵ヲ俘虜ト云フ俘虜ハ國家ヲ代表スル所ノ軍隊ニ於テ得タルモノナレハ國家ニ屬スヘキモノニシテ事實上之ヲ捕獲シタル將校兵卒ノ有ニアラス故ニ古昔盛ニ行ハレタルカ如ク之ヲ奴隷トシテ賣買使役スルカ如キハ國際法ノ許ス所ニアラス

◎俘虜ニ強ユルニ本國ニ不利ナル行爲ヲ以テスヘカラス

俘虜ハ之ヲ交戰中留置キ以テ敵國ノ戰鬪力ヲ薄弱ナラシムルニアリ故ニ犯罪ニヨリ囚禁セラレタルモノト日ヲ同ウシテ論ス可ラス而シテ之ヲシテ本官ニ反抗セシムルカ如キハ俘虜ニ不義ヲ強ユルモノナレハ開明ノ今日ニ容ル可ラサルノ措處ナリトス

◎國家ハ國民ノ移轉ヲ妨ケス

國家ハ一旦其國籍ヲ得タル臣民ヲシテ永遠死ニ至ル迄其領土内ニノミ生活セシムルコトヲ強ユヘキモノ

ニアラス故ニ其生來ノ臣民タルト新ニ國民籍ヲ獲得シタル臣民タルトヲ問ハス更ニ他國ノ國籍ヲ得ントスル者ハ特別ニ自國ヲ害セラルヽノ虞アルニアラサレハ之ヲ拒ムヲ得ス是レ近世國際法ノ認ムル所ナリ

◎國家ハ其臣民ヲ放逐セス

國家ハ其臣民ヲシテ其領土內ニ住居セシムヘキノ責務アリ故ニ臣民カ法律ニ違背シタルトキハ之ニ刑罰ヲ科スルコトヲ得レトモ國外ニ放逐スルコトヲ得ス獨國法ニ於テハ或ル犯罪ヲ爲シタル僧侶ヲ放逐セントスルニ先ツ臣民籍ヲ剝奪シタル上ニ之ヲ爲スコト

ハセリ反之國家ハ外國人ニ對シテハ其外國人ノ在留ニシテ國家ノ利益ニ害アリト認ムル以上ハ之ヲ放逐スルコトヲ得ヘシ

◎貿易ハ萬國公同ナリ

貿易ハ互ニ有無ヲ通シ長短ヲ補シ以テ吾人々類ノ幸福ヲ完全ナラシムルモノナリ故ニ世界各國苟クモ人跡アルノ地ニ於テハ必ス貿易スヘキヲ國際法上ノ條理ト爲ス

◎國家ハ承認ニヨリ國際法上ノ國家トナル

國法上國家タルニハ外國ノ承認ヲ待テ始メテ國家トナルニアラス苟クモ國家タルノ要素ヲ具備スル以上ハ自ラ國家タルニ於テ支障アルコトナシ然リト雖トモ國際法上ニ於テハ外國トノ關係ヲ目的トスルモノナルカ故ニ國法上ノ國家ナレハトテ未タ必スシモ直ニ國際法上ノ國家タルコトヲ得ス然ラハ如何ニシテ國際法上ノ國家タルヲ得ルヤ曰ク是ニハ外國ノ承認ヲ經サルヘカラス而シテ承認トハ國際團体ノ仲間入ヲ許ストノ意味ナリ故ニ外國ノ承認ヲ得テ然ル後總テノ外交關係ヲ生シ權利關係ノ主体ト爲ルヲ得ヘキ

ナリ

◎國際公安ニ關スル法律ハ外國人ニモ適用ス

凡ソ一國内ニ在ル外國人ニハ其所屬國法ヲ適用スルヲ以テ今日ノ通說ト爲スト雖トモ國際公安ニ關スル法律ハ其適用ヲ爲サス蓋シ一國内ニ於テ外國法ヲ適用セントスルトキハ或ハ之カ爲メ一國ノ自存權ヲ侵害シ其生存ヲ傷クルコトアリ例ヘハ一國ノ安寧秩序ニ關スル公益上ノ法律ト相容レサル外國法ヲ內國ニ於テ適用スル場合ノ如キ卽チ是レナリ此種ノ外國法

ハ内國ニ於テ適用スヘキモノニアラス是レ蓋シ一國內ニアル外國人ニ其ノ本國法ノ適用ヲ得セシムルハ元ト個人ノ利益保護ヲ目的トスルモノナレトモ其外國法ノ適用カ內國ノ公益ニ反スル場合ニハ一個人ノ利益ハ一國公益ノ爲メ之ヲ犧牲ニ供セサル可カラサルヲ以テナリ故ニ牴觸セル二個ノ法律中何レヲ適用スヘキカノ問題ヲ決スルニハ先ツ其法律ノ公益ニ關スルモノナルヤ否ヤヲ硏究シ其果シテ一國ノ公益ニ關スルモノナルトキハ內國法ヲ適用シ之ニ反シテ單ニ一私人ノ利益ニ關スルモノナルトキハ其所屬國法

ニ從フヘキモノトス而シテ其公益ニ關スルモノトシテ外國人ニモ適用スル内國法ヲ稱シテ之ヲ國際公安ニ關スル法律トハ謂フナリ

◎場所ハ行爲ヲ支配ス

此原則ハ元ト國際上ノ慣例ニ出ツルモノニシテ今日ニ於テハ各國ノ一濟ニ承認スル所ナリ從テ之カ爲メ特ニ國際條約ヲ締結セサルモ國際上互ニ實行セラルヽ所ナリ而シテ其所謂場所ハ行爲ヲ支配ストハ蓋シ行爲地方ノ規定ニ從ヒ爲シタル法律行爲ノ形式ハ何レノ地ニ到ルモ有効ナリト云フニアリ

◎人ハ必ス其所屬本國ヲ有ス

凡ソ人ハ必ス其屬スル所ノ本國ヲ有スヘキモノトス蓋シ國籍ヲシテ一國ニ屬セシムルハ人生自然ノ必要上ヨリ來ルモノナリ抑モ個人カ其所屬本國ヲ有スル思想ハ個人互ニ蒐伍シテ一國ヲ形成スル觀念ニ異ナラスシテ唯大小ノ差アルニ過キス而シテ國家ハ之ヲ組織スル人民アリテ始メテ國家タル行動ヲ爲スヲ得ルモノナレハ個人モ亦一國家ニ屬シテ始メテ其自然ノ權能ヲ發達セシムルコトヲ得ルニ依ル是レ此格言アル所以ナリ

◎海洋ハ公開ス

各國其航通ヲ自由ナラシメ海上ノ安全ヲ得ンカ爲メニハ何國ト雖トモ海上ニ其主權ヲ張ルコト能ハス故ニ如何ナル國家ト雖トモ航海其他漁獵等ニ關シ海洋ニ優先權ヲ主張スルコトヲ得ス

◎海賊ハ人類ノ公敵ナリ

海賊ハ平和的交通ノ公敵ナリ凡ソ渺茫タル海洋ニ於テハ司法權若クハ警察權ヲ實行スルコト甚タ困難ナルヲ以テ往々ニシテ盜賊横行ス茲ニ於テカ國際法上ニ於テハ勉メテ海上安全ヲ保護セントシ海賊ノ出顯

スルトキハ之ヲ吾人々類ノ公敵ト爲シ軍艦ヲシテ打撃スルコトヲ得セシメタリ

◎法律ノ發言セサル意義ニ効力ヲ附スヘカラス

凡ソ法律ノ解釋ハ必ス其據ルヘキ法文アルヲ要ス立法者カ法律ヲ制定スルニ當リテハ將ニ規定セント欲シタルモ或ル事情ノ爲メ之ヲ實行セサリシトキ或ハ全ク忘却シテ規定セサリシトキト雖モ法官ハ之ヲ補充スルコトヲ得サルナリ蓋シ法官ノ職責ハ立法者ノ既ニ制定シタル法令ヲ適用スルニアリテ決シテ立法

スヘキモノニアラサレハナリ

◎例外ハ例外ニアラサル事物ニ關スル規則ナ證明ス

不具ナル啞者ヲ看テハ不具ナラサル常人ヲ想起シ高キ富士山ヲ見テハ深キ琵琶湖ヲ推知セシムルハ吾人ノ心理作用タリ之ト等シク法律上ニ於テモ特別ナル除外例アルトキハ之ニ反對スル本則ノ他ニ存スルコトハ推シテ知ラルヘキナリ此格言ハ法律ヲ解釋スルニ當リ大ニ利益スル所ナシトセス即チ一法案ニ或ル特別例外ノ規定ノミアリタル場合ニハ此格言ノ適用

上之ニ反對スル原則ノ他ニ存スルモノト推定シ以テ他ノ件ニ付テハ其本則ノ支配ヲ受ケシムルカ如キ即チ是レナリ

◎同一ノ文字ハ同一意義ニ、異リタル文字ハ異ナリタル意義ニ解釋ス

法律ノ目的トスル事項カ同性質ノモノナルトキハ之ヲ表示スルニ同一ノ文字ヲ使用スヘク之ニ反シ相異レルモノナルトキハ異ナリタル文字ヲ使用スヘキハ立法ノ普通トス故ニ法律ノ解釋モ又同一文字ハ同意義ニ異文字ハ異意義ニ解スヘキナリ

◎解釋ノ必要ナクシハ解釋スルヲ得ス

法文明白一點ノ疑ヲ挾ムヘキ餘地アラサルトキハ敢テ之ニ付テ解釋法ヲ適用スルノ必要ナシ凡テ解釋問題ノ起ラントスルニハ先ツ法文ノ不明若クハ意義ノ二三ニ分ルヽ場合ヲ前提ニ置カサル可ラス法意一目瞭然火ヲ見ルヨリモ明カナルトキハ固ヨリ其法意ニヨルヘク敢テ解釋法ヲ適用スルノ必要ナシトス

◎學術技藝俚語等ニ干スル用語ハ各々其特別ナル意義ニ從フ

專門ノ諸學科ニ在テハ各其道ニ專屬スル用語アリ故

ニ普通ノ意義ヲ以テ之ヲ解ス可ラス俚語俗言亦之ニ同シ蓋シ其眞意ヲ求ムルニ近ケレハナリ

◎法律ノ文字ハ之ヲ度外ニ置クコトヲ得ス

凡ソ法律ノ解釋ハ立法者ノ意思如何ヲ推究スルコト勿論ナリト雖トモ妄ニ立法者ノ意思ノミヲ推論シ法律上ノ明文ヲ度外ニ置クコトアルヘカラス否立法者ノ眞意ハ當ニ法律ノ明文ト異リタルモノアルトキハ先ツ其文字ヲ以テ正當ノ解釋トナサヽルヘカラス是立法者ノ意思ト法律ノ意味ト牴觸シタル場

合ニシテ解釋家ノ尤モ注意スヘキ所トス

◎法律ノ二義ニ解シ得ヘキモノハ其最モ正理ニ適シ且有効ナル意義ヲ採用スヘシ立法官ハ妄リニ不正ノ法律ヲ制定シ又ハ無用ノ法律ヲ作ルモノニアラス故ニ法文ノ二義ニ亘ルトキハ最モ正理ニ適シ且ツ最モ有効ナル解釋法ヲ採用セサル可ラス

◎普通法ハ特別法ニ勝ツ能ハス

特別法ハ普通法以外ニ特ニ定メサル可ラサル理由アリテ定メタルモノナレハ立法者カ之ヲ設ケタルハ或

ハ普通法ヲ變更セントスルノ意ニ出テタルモノト推定スヘキナリ故ニ二法牴觸シテ相容レサル場合ニハ特別法ヲ適用スヘキモノトス

◎主意ヲ滅ス勿レ

證書ノ解釋ヲ施スニ方リテハ先ツ其眼目ノ何レニ存スルヤヲ穿鑿シ其主意ノ存スル所ヲ烏有ニ歸セシメサル樣注意セサル可ラス蓋シ證書ハ素ト其主意ヲ明カニセントシテ作リタルモノニ外ナラザレハナリ

◎證書ハ可成有効ニ解釋スヘシ

證書ナルモノハ或ル事項ヲ記載シ後日ノ證左ニ供セ

ンカ爲メニ作製スルモノナレハ之ヲ解釋スルニ當リテハ可成有効ニ導カサル可ラス妄リニ其効力ヲ無視セントスルハ證書作製ノ主意ニ反スルノミナラス亦解釋ノ妄ナルモノト云フヘシ

◎意思ハ文書ノ精神ナリ

凡ソ文辭ハ意思ノ外形ニ表顯シタルニ過キス而シテ證書ハ當事者ノ意思ヲ記述シタルモノナレハ其文義ヲ解釋スルニハ須ク之カ作製者ノ意思ノ存スル處ヲ討尋セサル可ラス徒ラニ羅列セル文字ニノミ拘泥シ當事者ノ意思ヲ枉ク可ラス

◎權利ノ拋棄ハ推測セス

此格言ハ法律及契約等ヲ解釋スルニ則ルヘキモノナリ凡ソ人ハ爪上ノ土ト雖トモ苟クモ自已ノ有スル所ノモノハ之ヲ維持セントコトヲ圖ルハ人情ノ恒ナリ況ンヤ價アルノ財物ニ於テオヤ故ニ今當事者ノ意思ヲ解釋スルニ當リ果シテ權利ヲ拋棄セサルヤ否ヤ疑義ニ渉ル場合ニハ先ツ權利ハ拋棄セサルモノト推測スルナリ是好ク當事者ノ意思ニ適スルモノト云フヘシ

◎解釋ハ便利ニ從フヘシ

凡ソ法律及契約ノ解釋ハ法律及契約其モノヽ上ニ於

テ直ニ解釋ヲ下スヘク其結果ノ如何ニヨリテ左右スヘキモノニアラサルナリ然レトモ今夫レ二樣ニ解釋セラルヽ場合ニ方リ一方ノ解釋ヲ採ルトキハ他ニ不便アリト云フカ如キ場合ニハ其不便ナキノ解釋ニ從フヲ可トスト謂フニアリ

◎刑法ノ解釋ハ嚴格ナル可シ

民事ニ在テハ法ニ明文ナキ事件ト雖トモ裁判官タルモノ其曲直ヲ糺スヘキ職權アルノミナラス法律ノ不明不備欠點ヲ理由トシテ當事者ノ要求ヲ却下スル能ハサルノ責務アリトス然レトモ刑法ハ制裁法ナルヲ

以テ勉メテ之ヲ嚴格ニ解釋シ比附延引シテ類似ノ解釋ヲ許ス可ラス是レニ民人ヲシテ適從スル所ニ迷ハサラシメントスルニアリ

第七章　立法門

◎學者ノ如ク考ヘ常人ノ如ク言フ

此格言ハ立法者ヲ戒ムノ言タリ凡ソ立法者ハ法律案ヲ立ツルニ方テハ先ツ深遠ナル法理ヲ究メ適確ナル實例ニ覈シ以テ自巳ノ腹案ヲ豐カナラシムヘシ而シテ後之ヲ法文ニ顯ハスニ方リテハ須ラク常人ノ解シ易キ文字ヲ以テ表示セサル可ラス蓋シ法律ハ學者ニ

答フル辨明書ニアラス亦愚者ニ與フル教科書ニアラス一般民人ヲ標準トシテ制定シタル國家ノ意思表示ナレハナリ曾テ獨逸ノ碩學ニシテ此格言ノ意義ヲ擴張シ法典改改論ヲ主張シテ曰ク法文ノ餘リニ學理的ニ偏シタルハ斯道專門ノ士ト雖モ往々ニシテ解シ難シ況ンヤ之ヲ一般國民ニ周知セシメントスルハ思ヒモ寄ラサルコトナリ如斯ハ立法ノ精神ニ遠カルモノナルヲ以テ法文ハ努メテ何人ニモ解シ易キ樣編纂スヘシト論シタリ亦理ナキニ非サルナリ

◎最モ惡キ民法ハ萬國ニ普ク通スルモノ

ナリ最モ善キ海上法ハ萬國ニ通スル爲メニ作ルモノナリ

此格言ハ佛國ニ於テ行ハレタルモノナリ其意タルヤ蓋シ民法ノ萬國ニ通スルハ有害ニシテ海上法ノ萬國ニ通スルハ有益ナリト云フニアリ勿論民法ナルモノハ其國人情風俗沿革等各々特有ノ事情ニヨリテ制定セラルヘキモノナレハ萬國其揆ヲ一ニシ得ヘキモノニアラス特ニ人事上ノ法律關係ニ於テ然リト爲ス故ニ民法ノ萬國ニ普通スルモノハ之ヲ不良ノ法制ナリト是一應ノ理ナキニアラサルナリ亦後段ノ海上法ノ

立法ニ關シテハ可成世界各國ノ間ニ一樣ナラシメンコトヲ期スルハ最モ必要ナリトス若シ夫レ各國互ニ相異ナリタル海上法ヲ設ケンカ到底列國ノ間ニハ平和ヲ期スルコト能ハサルニ至ラン例令ハ船舶衝突ノ場合ニ於テ或ル邦國ハ毫モ他國ノ法律ヲ顧ミス妄リニ隨意ノ規則ヲ設ケテ諸國ノ法律ト其規則ヲ一ニセサルコトアランカ或ハ合圖ヲ異ニシ或ハ瀛笛ノ吹方ヲ同フセサル等ノ爲メニ其船舶ハ屢々衝突ノ難ニ羅ルヲ免レス航海ノ危險亦圖リ難シト云フヘシ

繇リテ前條ノ主意ヲ批評センニ成程八事上ノ法規ニ

關シテハ其國々ニ於テ各持別ノ狀況ヲ有スルカ故ニ萬國普通ノ規定ヲ設クルハ少シク當ヲ得タルモノニアラストスルモ總テノ民法全体ニ吾格言ヲ適用セントスルハ余未タ其可ナルヲ知ラサルナリ近世文明各國ノ立法ハ互ニ比較研究ノ結果反テ其長ヲ採リ短ヲ捨テ人類ノ權利關係ヲ同一ニ進歩セシムルノ嚮向ヲ有スルハ疑ヒナキ事實ナリ余輩ハ此立法ノ嚮向ハ實ニ文明ノ潮流ニ從フ者ト信スルカ故ニ凡テノ民法モ尙ホ萬國共通的ノ者ニセンコヲ希望セスンハアラス

◎公益ハ私益ヲ壓ス

凡ソ法律ハ一箇人ノ利益ヲ保護スルト社會ノ公益ヲ保維スルトノ二面ニ於テ必要ヲ見ルト雖トモ法律終局ノ目的ハ社會ノ安寧幸福ニ存ス去レハ一箇人ノ幸福ハ之ニ一歩ヲ讓リ或塲合ニ於テハ其財産及ヒ自由ハ勿論吾人ノ吾人タル所以ノ生命ヲモ擧ケテ之カ犧牲ニ供セサル可ラス今茲ニ我國ニ於ケル一例ヲ擧クレハ土地公用懲收ノ如キ卽チ是レナリ土地公用徵收トハ單ニ土地ノ所有權ヲ制限スルニ止マラスシテ所有權自体ヲ徵收スルモノナリ故ニ國家ハ殊ニ之ヲ重ンシ特別ノ法律ニ依リテ嚴格ニ其塲合ヲ規定セリ斯

ル規定ハ公益上ノ理由ヨリシテ不得止私人ノ權利ヲ制限スルモノナリ

◎茲ニ權利アレハ茲ニ救濟アリ

權利ノ定義如何ニ干シテハ學者中議論紛々或ハ權利ハ意思ナリト云ヒ或ハ利益ナリト云フ其論スル所各一應ノ理由アリト雖トモ蓋シ權利ノ内容ハ普通利益ヲ含ムヘキコト疑ヒナシトス而シテ權利ナルモノハ彼ノ天賦人權說ノ唱導スルカ如キ自然ニ生スルモノニ非ラスシテ法律ノ制定ニ基クモノナレハ法律ニ於テ其實効ヲ擔保シ以テ之ヲ救濟セサル可ラス是レ

權利者ニ訴權ヲ與ヘ其ノ實行ヲ完カラシムル所以ナリ

◎立法者ハ僅ニ一二回起ルモノヲ畧ス

是法律ハ萬代稀有ノ事柄ヲ目的トシテ制定スルニアラスシテ寧ロ屢々發生スル事件ヲ目的トスルモノナリト云フ意味ナリ此格言ハ從來行ハレタルモノナリト雖モ粗技大葉ニ關セサル放膽主義ノ立法ニテ近日ノ如ク立法ヲ以テ治國スル時代ニハ適セサル格言ナリトス

◎良法ハ悪行ヨリ生ス

天下ノ民人ニシテ凡テ仁人君子ノミナラシメハ卽チ法律ノ必要自ラ存セス然レトモ彼ノ堯舜ノ聖代ニ於テモ猶ホ且ツ共工驩兜ノ兇徒アリ實ニ如何ナル仁政ノ下ニ於テモ苟クモ社會ヲシテ基督敎ノ所謂天國タラシメサル以上ハ醜行惡習ノ斷絕スルコトアラサルヘシ茲ニ於テ乎之ヲ制裁スルノ法律ノ必要ヲ見ルナリ換言スレハ法律ハ不得止ヨリ產スト云フニアリ

◎原則ニハ必ス例外アリ

原則トハ一般ノ大則ナリ故ニ人事ノ細大悉ク之ヲ網羅スルコトヲ得ス從テ此大則ヲ支配スヘカラサル事

項ヲ生ス此事項ヲ支配スルモノ即チ例外ナリ原則ト例外トハ互ニ相俟テ始メテ滿全ノ効ヲ奏スヘキナリ

◎同一ノ理由アレハ同一ノ法律アリ

都テノ事實ハ其由テ生スル所ノ理由アリテ存ス法律モ等シク其由テ設ケラレタル所ノ理由ナカル可ラス而シテ其理由相同シキトキハ從テ法律モ亦同シカラサルヲ得サレハ論理ノ證明スル所ナリ

◎無ヨリ有ナ生セス

此格言ハ特リ法律ニ於テノミ然ルニアラスシテ都テ論理上ノ原則ヲ爲スモノナリ例ヘハ自己ニ何等ノ權

利ナキモノヲ他人ニ讓渡スカ如キハ所謂此ノ原則ノ適用上當然無効タルカ如キ是レナリ

◎法律ハ近因ヲ見テ遠因ヲ見ス

事實アレハ必スヤ之カ原因ナクンハアラス而シテ原因ニ二種アリ近因及遠因是レナリ近因トハ直接近爾ナル原因ヲ云ヒ遠因トハ之ニ反シ近因ノ原因ヲ云フナリ若シ夫レ法律ハ凡テ遠因ヲモ顧慮スヘキモノトセンカ遠因又遠因ヲ生シ殆ント底止スル所ヲ知ル能ハサルニ至ルヘシ故ニ法律ノ鑑査スル所ハ唯タ其近因ノミ

◎天災ハ人ヲ害セス

天柱折レテ人ヲ殺シ地軸擘ケヲ物ヲ害ス左レハ天災地變安ンソ人ヲ害セスト云フヲ得ンヤ然レトモ法律上ニ於ケル此格言ハ斯ル意味ニアラス天災地變ハ固ト人爲ノ到底防クヘカラサル不可抗力ニ出ルモノナレハ之ニ遭遇シタルモノハ寧ロ憐ム可クシテ之ヲ責ムヘカラスト云フノ義ニ外ナラサルナリ

◎必要ハ道理ヲ爲ス

萬有ハ總テ進化ス左レハ吾人ノ目シテ以テ道理ト呼フ所ノモノ亦此進化ノ大則ニ支配セラレスンハアラ

ス昨ノ是今ノ非ト爲ル素ヨリ其所ナリ古ヘ奴隷制度ヲ以テ道理ノ許ス所ト爲シ敢テ怪マサリシモ近世ニ至リテハ之ヲ非人類的暴行ト爲スニ至ル如斯ハ皆之レ時ト場合トニ依リ其當時ノ必要ヨリ起リテ道理ヲ爲シタルモノナリ故ニ吾人ノ必要ト看ルヘキモノハ以テ道理ナリトナスコトヲ得ヘシ

◎正義ハ法律ノ生命ナリ

公義正道ハ天地自然ノ理法ニシテ人類ノ實踐スヘキ天職ナリトス而シテ法律ハ國家自存ノ必要ヨリ制定スルモノナレハ或ハ正義ノ許サヽルモノアルヘシ然

レトモ是ハ誠ニ不得止ノ例外ニ屬スルモノニシテ立法者ハ努メテ正義ニ協ハシメンコトヲ期セサル可ラス換言スレハ法律ハ正義ヲ以テ其生命トスヘシト云フニアリ

◎法律ハ事實ヨリ生ス

法律ナルモノハ素ト法理ナルモノアリテ其生命ナ為スモノナリト雖トモ其所謂法理ナルモノモ遠ク遡源スル所ヲ窺ヘハ蓋シ社會現象卽チ事實タルヘキナリ法律ナルモノハ彼ノ哲理宗教ノ如ク空漠ナル宇宙間ノ理法ノミナ説明スルモノニアラスシテ吾人々類界

ニ發生スル百般ノ事實ヲ目的トシテ生スヘキナリ

◎改正ノ爲メニ擾亂スル所ノ不利益ハ其利益スル所ヨリモ多シ

凡ソ社會ノ事々物々改革ノ動機ニ接セサレハ進歩スルコト洵ニ遲々タルナリ去レハ改革ナルモノ强チニ非ナルニアラスト雖トモ法律規則ヲシテ晨ニ布キタニ廢スルカ如ク妄リニ改變セシムルトキハ世人ヲシテ其歸準スル所ニ迷ハシムルノ虞ナシトセス而シテ其結果ヨリ云ヘハ得失相償ハサルカ如キモノ往々ニシテ存ス此格言ハ卽チ之ヲ戒ムルニアリ

◎法律ハ效ヲ既往ニ及ハサス

法律ハ其効ヲ既往ノ事實ニ及ホサス只法律ヲ以テ定メタル施行期限ヨリ其効力ヲ有スヘキモノトスルハ法理ノ通則ナリ若シ夫レ然ラスシテ猥リテ其效力ヲ既往ニ遡及セシムルコトヲ得ルトセンカ謂ナク臣民ノ既得權ヲ害スルコトトナレルナリ然レトモ是ハ通則ナリ亦例外ナキニアラス否往々之ヲ既往ニ及ホサヽル可カラサルモノアリ此格言ハ固ト新定ノ法律ヲ以テ舊法ニ依リテ得タル既得ノ權利ヲ害ス可ラストノ意ニ外ナラサルカ故ニ其他ノ塲合ニ於テハ素ヨリ

其効力ヲ既往ニ及ホスコトヲ得ヘキモノタリ例ヘハ訴訟法ヲ改正制定シタル場合ノ如キモ亦此理ニヨリ却テ其効ヲ既往ニ及ホスヲ以テ本則トス蓋シ訴訟法ハ只タ訴訟ノ順序及ヒ事實發見ノ爲メニ設ケタル法律ニ過キサレハ新舊如何ナル方法ヲ用ユルモ爲メニ既得ノ權利ヲ害スヘキ理由アラサレハナリ其他同様ノ實例ハ數多アリト雖トモ今茲ニ擧ケス要スルニ既往ノ權利ヲ害セスシテ或ハ却テ舊法ヨリ一層充分ナル利益ヲ與フルモノ卽チ救濟ヲ目的トスル法律ノ如キ民事刑事ヲ問ハス其効ヲ既往ニ及ホスヘキハ更ニ

怪ムニ足ラサルナリ故ニ此格言ハ只タ之ヲ既得ノ權利ヲ害スル場合ニノミ適用スヘキモノトス

◎惡法モ亦法律ナリ

凡ソ法律ハ萬能力ヲ有シ何事ヲモ爲サシメ又何事ヲモ爲ササラシムルコトヲ得ヘキモノトス而シテ今單純ナル道義上ヨリ之ヲ論スレハ同シク法律ト稱スルモノノ中ニモ順逆二ツナカラ存シ善惡並ヒ行ハルルカ如キ外觀ナシトセス然リト雖モ元來法律ハ一國生存ノ必要上ヨリ起ルモノナレハ國民一般ニ遵奉スヘキモノニシテ彼レハ惡法ナリ故ニ從フヘカラス是レ

ハ善法ナリ故ニ從フヘシト云フカ如ク道義上ノ論題如何ニヨリテ法律ノ効力ヲ取捨スヘキモノニアラス如何ナル惡法妄律ト雖トモ苟クモ法律ナル形式ヲ以テ發布セラレタル以上ハ法律タルニ於テ聊カ妨ケナシトス

◎不能ノ法律ハ無效ナリ

或ハ泰山ヲ狹ンテ北海ヲ越ヒ或ハ龍宮月界ト互市ヲ求ムル等所謂不能ヲ命スル法律ハ最初ヨリ全然無効タリ何トナレハ加此行爲ハ如何ナル制裁ヲ付シテ强迫スルモ吾人々類ノ到底企テ及フ所ニ非ラサレハナ

リ然リト雖トモ法律ノ形式ヲ以テ規定セラレタル以上ハ是レ亦法律タルニハ相違ナシ而シテ此格言ハ斯ル法律ハ死文徒法ニシテ到底其效用ヲ見ストノ旨趣ヲ意味スルモノナリ

◎法律ノ保護ハ人ノ保護ヨリモ強シ

法律上ノ保護ハ國勢公力ヲ以テ之ヲ庇護スルニアリ人ノ保護ハ微々タル腕力ノ外ニ出テス古法度未タ與ラス群雄到ル處ニ割據シタル時代ニアリテハ世事都テ人力ニ依リテ維持セラレタリト雖モ近世所謂法治國ニ在リテハ吾人ハ法律ノ保護ノ下ニ活路ヲ啓キ從

來人力ノ保護ノ下ニ在リタルコトモ擧ケテ之ヲ法律上ノ保護ニ導クノ嚮向ヲ呈セリ

◎後法ハ前法ニ優ル

是レ新シキモノハ古キモノニ優ルノ道理ニシテ後ニ發布セラレタル法律ニシテ前ノ法律ト牴觸スルトキハ前法ハ爲メニ當然廢止セラレタルモノト見做サルヽ如キヲ云フ

◎法律ハ兵事ニ默ス

法律ハ兵事ニ默ストノ意ハ之ヲ換言スレハ吾人カ自由ハ國家事變ニ際シ制限セラルト云フニアリ凡ソ人

身ノ自由ハ憲法ニ於テ特ニ之ヲ重ンジ其貴重ナルモノハ單ニ法律ノ規定ニ依リテノミ之ヲ制限シ得ルコトヽナセリ是文明各國ノ通制ナリ然レトモ一朝國家事變ヲ生スルニ至レハ則チ其安寧秩序ヲ保持セシメンカ爲メニ普通平時法ヲ停止シ以テ非常法ヲ布キ機ニ臨ミ變ニ應ジテ行動セシムルモノトス譬ヘハ戒嚴令ノ如キ是ナリ

◎法律ノ理由止メハ法律亦止ム

源泉既ニ涸レテ安ンソ末流ノ溶々タルヲ見ンヤ壘塞已ニ崩レテ何ンソ城廓ノ依然タルコトヲ望マンヤ法

律ハ其必要トスル所ノ理由ヲ生命トシテ存在スルモノナリ然ルニ既ニ其理由ニシテ烏有ニ歸シタルトキハ從テ法律モ亦露骨タラサルヲ得サル推シテ知ル可キナリ

◎法律ハ權利ノ上ニ眠ル者ヲ保護セス

權利ノ上ニ眠ルトハ啞然トシテ權利ヲ行使セサルヲ云フナリ夫レ吾人ハ或權利ヲ有スト雖トモ永ク之ヲ行使セサルトキハ法律ハ其權利ヲ拋棄セルモノト看做シテ之ヲ保護セサルナリ例令ハ吾人ノ所有物ヲ他人ニ侵奪セラレタルニモ拘ハラス一定ノ期間內之カ

救濟ノ方法ヲ講セサルトキハ法律ハ遂ニ吾人ノ所有權ヲ保護セス却テ侵奪者ヲシテ所有權ヲ獲得セシムルノ効果ヲ生セシムルカ如キ是ナリ

◎法律ハ非行ヲ保護セス

非行トハ背法壞倫ノ行爲ヲ云フ是等行爲ヲ法律ノ保護セサルハ敢テ説明ヲ要セスシテ明晰ナリト雖モ一例ヲ擧ケンニ賭博ハ法律ノ禁スル所ナルヲ以テ之ニ因リテ勝利ヲ得タル者即チ賭博上ノ債權者ハ之ヲ法廷ニ於テ主張スト雖モ法律ノ保護ヲ受クル能ハサルカ如キ是ナリ

◎法律ハ不能ヲ責メス

法律ノ規定ハ凡テ吾人普通ノ行爲ヲ標準トス卽チ仁人君子ノ行爲若クハ神道力ヲ標準トスルモノニアラス故ニ仁人君子若クハ神ニ非ラサレハ能ハサル所ノ行爲ハ之ヲ吾人ニ强ユヘキニアラサルナリ假令ハ僅ヘテ道路ニ横ハルモノアルヲ見窮シテ淵ニ投セントスルモノアルヲ聞クモ法律ハ强ユルニ之ヲ救フ可キヲ以テセス又天災地變ニ際シ法律ノ命スル事ヲ爲ス能ハザルモ之ニ何等ノ制裁若クハ失權ヲ來シメサルカ如キ是ナリ

◎人ハ法律ノ前ニ同等ナリ

普天ノ下率土ノ濱誰カ國民ニアラサランヤ既ニ國民タリ均シク盡忠愛國ノ責ヲ負フ法律ノ之ヲ視ル豈ニ彼ニ厚フシ之ニ薄クスルノ理アランヤ侯伯盜ヲ爲スモ盜罪タリ野人亦然リ要ハ法律ハ猶ホ親ノ如ク國民ハ猶ホ子ノ如ク親ノ子ヲ觀ル一視同仁其間些ノ徑庭ナシト云フニ在リ

◎法律ハ普通人ヲ標準トス

法律ハ英雄豪傑仁人君子ノ爲メニノミ設クルモノニアラス將又小人子々ノ徒ノ爲メニノミ設クルモノニ

アラス唯々夫レ天下萬衆ノ爲メニ設定ス故ニ人生普通ノ行爲ヲ以テ標準トセサルヘカラス法律既ニ人生普通ノ行爲ヲ標準トス左レハ法律上ニ吾人ハ英雄豪傑仁人君子ニ非サレハ將ニ爲ス能ハサルノ行爲ヲ進ンテ爲サントスルニモ及ハサルヘク又小人子々ノ徒ニ非サレハ將ニ爲サヽルヘキ行爲ヲ敢テ忍シテ爲スヲモ得サル可キナリ

◎事實ヲ知ラサルハ之ヲ恕スヘシ法律ヲ知ラサルハ之ヲ恕ス可ラス

法律ハ一旦公布式ヲ以テ領布シ其効力ヲ發生シタル

以上ハ之ヲ知ルト否トヲ問ハス一般人ニ對シテ効力アルモノナリ故ニ何人モ法律ヲ知ラサルノ謂ヲ以テ其責ヲ免ルヘキニアラス反之事實上ノ關係ハ萬人之ヲ知ラサルヘカラサルノ理由ナキモノナレハ之ニ關シ錯誤アリタルトキハ其責ヲ免ルヽコトヲ得ヘシ

法律格言釋義終

正誤

第三章　刑制門を一三三頁にしたるは　一二四頁の誤

第六章　解釋門を二二〇頁にしたるは　二一〇頁の誤

目次の方を正さす

明治三十三年十月廿六日印刷
明治三十三年十月三十日發行
明治三十四年七月廿八日再版
（實價金參拾錢）

版權所有

發行者　飯島廣三郎
東京市牛込區市ヶ谷加賀二丁目十四番地

印刷者　長谷川辰二郎
東京市神田區錦町三丁目一番地

印刷所　同志社印刷所
東京市神田區錦町三丁目一番地

發行所　兩文館
東京市神田區西小川町二丁目九番地

總裁前司法大臣清浦奎吾君閣下

（贊成員イロハ順）

法律學士　磯部四郎君
法學博士　鳩山和夫君
法學博士　穗積陳重君
法學博士　富谷銈太郎君
文部次官　奧田義人君
法律學士　高木豊三君
各銀行會社
監督相談役　安田善次郎君

司法次官　波多野敬直君
遞信大臣　星亨君
法學博士　富井政章君
法學博士　戸水寛人君
法學博士　岡村輝彦君
法學博士　梅謙次郎君
第一銀行頭取　澁澤榮一君

大日本新法典講習會

○本會は何時なりとも入會を許す

○詳細規則郵券二錢を添へ請求すべし

今や新法典實施せられ一般人民の動作は大となく小となく盡く新法典の支配を受くるとなれり去れば今日以後新法典の智識は日用必須の要具にして此智識なくんば一般人民は社會生活上に不利を來し又商工農等實業家は其業務の處理を誤り不慮の損害を招き從て一身一家の榮枯に至大の關係を及ぼすべし注意せざるべけんや本會大に感ずる處あり法典上の智識を世人に領得せしめんか爲め學理實際に精通せらるゝ法學大家を講師に囑託し人民各自に最も近密にして又最も必要なる法典の講義を乞ひ之を講義錄に登載して

會員に頒布し以て洽く新法典の智識を傳播せしめんとす有志者等に來て加盟せられんことを乞ふ●講習期限は一ヶ年半とす●講義錄每月二回發行一册凡百五十頁以上●講義錄は講師の講述せられし新法典(民法商法戸籍法及附屬法等)の講義の外法律　用日用心得訴訟の心得及び手續等を教授し判決例を報道し趣味ある雜報を揭げ行文は平易明晰何人にも了解し易からしむ●束脩金卅錢會費一ヶ月卅五錢六ヶ月貳圓全期分五圓九拾錢

講義擔任者

法學士 加古貞太郎君
判事 內田良輔君
衆議院書記官 寺田榮君
法學士 宮田四八君
法學士 島田鐵吉君
米國法律博士 杉田金之助君
會務監督 東京控訴院判事 法典調査會補助委員

法學士 吉川孝秀君
法學士 玉木爲三郎君
法學士 牧野菊之助君
法學士 毛戸勝元君
法學士 三宅徳業君
法學士 鈴木喜三郎君
法學士 鈴木喜三郎君
法學士 宮田四八君

東京市神田區西小川町二丁目九番地
大日本新法典講習會事務所

法律格言釋義　　**日本立法資料全集　別巻 1144**

平成29年２月20日　　復刻版第１刷発行

編纂者　大日本新法典講習會

発行者　今　井　　　貴
　　　　渡　辺　左　近

発行所　信　山　社　出　版

〒113-0033　東京都文京区本郷６－２－９－102
モンテベルデ第２東大正門前
電　話　03（3818）1019
ＦＡＸ　03（3818）0344
郵便振替　00140-2-367777（信山社販売）

Printed in Japan.

制作／(株)信山社，印刷・製本／松澤印刷・日進堂

ISBN 978-4-7972-7252-9 C3332

別巻　巻数順一覧【950 ～ 981 巻】

巻数	書　名	編・著者	ISBN	本体価格
950	実地応用町村制質疑録	野田藤吉郎、國吉拓郎	ISBN978-4-7972-6656-6	22,000 円
951	市町村議員必携	川瀬周次、田中迪三	ISBN978-4-7972-6657-3	40,000 円
952	増補 町村制執務備考 全	増澤鐵、飯島篤雄	ISBN978-4-7972-6658-0	46,000 円
953	郡区町村編制法 府県会規則 地方税規則 三法綱論	小笠原美治	ISBN978-4-7972-6659-7	28,000 円
954	郡区町村編制 府県会規則 地方税規則 新法例纂 追加地方諸要則	柳澤武運三	ISBN978-4-7972-6660-3	21,000 円
955	地方革新講話	西内天行	ISBN978-4-7972-6921-5	40,000 円
956	市町村名辞典	杉野耕三郎	ISBN978-4-7972-6922-2	38,000 円
957	市町村吏員提要〔第三版〕	田邊好一	ISBN978-4-7972-6923-9	60,000 円
958	帝国市町村便覧	大西林五郎	ISBN978-4-7972-6924-6	57,000 円
959	最近検定 市町村名鑑 附 官国幣社 及 諸学校所在地一覧	藤澤衛彦、伊東順彦、増田穆、関惣右衛門	ISBN978-4-7972-6925-3	64,000 円
960	鼇頭対照 市町村制解釈 附 理由書 及 参考諸布達	伊藤寿	ISBN978-4-7972-6926-0	40,000 円
961	市町村制釈義 完　附 市町村制理由	水越成章	ISBN978-4-7972-6927-7	36,000 円
962	府県郡市町村 模範治績　附 耕地整理法 産業組合法 附属法令	荻野千之助	ISBN978-4-7972-6928-4	74,000 円
963	市町村大字読方名彙〔大正十四年度版〕	小川琢治	ISBN978-4-7972-6929-1	60,000 円
964	町村会議員選挙要覧	津田東璋	ISBN978-4-7972-6930-7	34,000 円
965	市制町村制 及 府県制　附 普通選挙法	法律研究会	ISBN978-4-7972-6931-4	30,000 円
966	市制町村制註釈 完　附 市制町村制理由〔明治21年初版〕	角田真平、山田正賢	ISBN978-4-7972-6932-1	46,000 円
967	市町村制詳解 全　附 市町村制理由	元田肇、加藤政之助、日鼻豊作	ISBN978-4-7972-6933-8	47,000 円
968	区町村会議要覧 全	阪田辨之助	ISBN978-4-7972-6934-5	28,000 円
969	実用 町村制市制事務提要	河邨貞山、島村文耕	ISBN978-4-7972-6935-2	46,000 円
970	新旧対照 市制町村制正文〔第三版〕	自治館編輯局	ISBN978-4-7972-6936-9	28,000 円
971	細密調査 市町村便覧（三府 四十三県 北海道 樺太 台湾 朝鮮 関東州）附 分類官公衙公私学校銀行所在地一覧表	白山榮一郎、森田公美	ISBN978-4-7972-6937-6	88,000 円
972	正文 市制町村制 並 附属法規	法曹閣	ISBN978-4-7972-6938-3	21,000 円
973	台湾朝鮮関東州 全国市町村便覧 各学校所在地〔第一分冊〕	長谷川好太郎	ISBN978-4-7972-6939-0	58,000 円
974	台湾朝鮮関東州 全国市町村便覧 各学校所在地〔第二分冊〕	長谷川好太郎	ISBN978-4-7972-6940-6	58,000 円
975	合巻 佛蘭西邑法・和蘭邑法・皇国郡区町村編成法	箕作麟祥、大井憲太郎、神田孝平	ISBN978-4-7972-6941-3	28,000 円
976	自治之模範	江木翼	ISBN978-4-7972-6942-0	60,000 円
977	地方制度実例総覧〔明治36年初版〕	金田謙	ISBN978-4-7972-6943-7	48,000 円
978	市町村民 自治読本	武藤榮治郎	ISBN978-4-7972-6944-4	22,000 円
979	町村制詳解　附 市制及町村制理由	相澤富蔵	ISBN978-4-7972-6945-1	28,000 円
980	改正 市町村制 並 附属法規	楠綾雄	ISBN978-4-7972-6946-8	28,000 円
981	改正 市制 及 町村制〔訂正10版〕	山野金蔵	ISBN978-4-7972-6947-5	28,000 円

別巻　巻数順一覧【915 ～ 949 巻】

巻数	書　名	編・著者	ISBN	本体価格
915	改正 新旧対照市町村一覧	鍾美堂	ISBN978-4-7972-6621-4	78,000 円
916	東京市会先例彙輯	後藤新平、桐島像一、八田五三	ISBN978-4-7972-6622-1	65,000 円
917	改正 地方制度解説〔第六版〕	狭間茂	ISBN978-4-7972-6623-8	67,000 円
918	改正 地方制度通義	荒川五郎	ISBN978-4-7972-6624-5	75,000 円
919	町村制市制全書 完	中嶋廣蔵	ISBN978-4-7972-6625-2	80,000 円
920	自治新制 市町村会法要談 全	田中重策	ISBN978-4-7972-6626-9	22,000 円
921	郡市町村吏員 収税実務要書	荻野千之助	ISBN978-4-7972-6627-6	21,000 円
922	町村至宝	桂虎次郎	ISBN978-4-7972-6628-3	36,000 円
923	地方制度通 全	上山満之進	ISBN978-4-7972-6629-0	60,000 円
924	帝国議会府県会郡会市町村会議員必携 附関係法規 第1分冊	太田峯三郎、林田亀太郎、小原新三	ISBN978-4-7972-6630-6	46,000 円
925	帝国議会府県会郡会市町村会議員必携 附関係法規 第2分冊	太田峯三郎、林田亀太郎、小原新三	ISBN978-4-7972-6631-3	62,000 円
926	市町村是	野田千太郎	ISBN978-4-7972-6632-0	21,000 円
927	市町村執務要覧 全 第1分冊	大成館編輯局	ISBN978-4-7972-6633-7	60,000 円
928	市町村執務要覧 全 第2分冊	大成館編輯局	ISBN978-4-7972-6634-4	58,000 円
929	府県会規則大全　附 裁定録	朝倉達三、若林友之	ISBN978-4-7972-6635-1	28,000 円
930	地方自治の手引	前田宇治郎	ISBN978-4-7972-6636-8	28,000 円
931	改正 市制町村制と衆議院議員選挙法	服部喜太郎	ISBN978-4-7972-6637-5	28,000 円
932	市町村国税事務取扱手続	広島財務研究会	ISBN978-4-7972-6638-2	34,000 円
933	地方自治制要義 全	末松偕一郎	ISBN978-4-7972-6639-9	57,000 円
934	市町村特別税之栞	三邊長治、水谷平吉	ISBN978-4-7972-6640-5	24,000 円
935	英国地方制度 及 税法	良保両氏、水野遵	ISBN978-4-7972-6641-2	34,000 円
936	英国地方制度 及 税法	髙橋達	ISBN978-4-7972-6642-9	20,000 円
937	日本法典全書 第一編 府県制郡制註釈	上條慎蔵、坪谷善四郎	ISBN978-4-7972-6643-6	58,000 円
938	判例挿入 自治法規全集 全	池田繁太郎	ISBN978-4-7972-6644-3	82,000 円
939	比較研究 自治之精髄	水野錬太郎	ISBN978-4-7972-6645-0	22,000 円
940	傍訓註釈 市制町村制 並ニ 理由書〔第三版〕	筒井時治	ISBN978-4-7972-6646-7	46,000 円
941	以呂波引町村便覧	田山宗堯	ISBN978-4-7972-6647-4	37,000 円
942	町村制執務要録 全	鷹巣清二郎	ISBN978-4-7972-6648-1	46,000 円
943	地方自治 及 振興策	床次竹二郎	ISBN978-4-7972-6649-8	30,000 円
944	地方自治講話	田中四郎左衛門	ISBN978-4-7972-6650-4	36,000 円
945	地方施設改良 訓諭演説集〔第六版〕	鹽川玉江	ISBN978-4-7972-6651-1	40,000 円
946	帝国地方自治団体発達史〔第三版〕	佐藤亀齢	ISBN978-4-7972-6652-8	48,000 円
947	農村自治	小橋一太	ISBN978-4-7972-6653-5	34,000 円
948	国税 地方税 市町村税 滞納処分法問答	竹尾高堅	ISBN978-4-7972-6654-2	28,000 円
949	市町村役場実用 完	福井淳	ISBN978-4-7972-6655-9	40,000 円

巻数	書　名	編・著者	ISBN	本体価格
878	明治史第六編 政黨史	博文館編輯局	ISBN978-4-7972-7180-5	42,000 円
879	日本政黨發達史 全〔第一分冊〕	上野熊藏	ISBN978-4-7972-7181-2	50,000 円
880	日本政黨發達史 全〔第二分冊〕	上野熊藏	ISBN978-4-7972-7182-9	50,000 円
881	政党論	梶原保人	ISBN978-4-7972-7184-3	30,000 円
882	獨逸新民法商法正文	古川五郎、山口弘一	ISBN978-4-7972-7185-0	90,000 円
883	日本民法鼇頭對比獨逸民法	荒波正隆	ISBN978-4-7972-7186-7	40,000 円
884	泰西立憲國政治攬要	荒井泰治	ISBN978-4-7972-7187-4	30,000 円
885	改正衆議院議員選擧法釋義 全	福岡伯、横田左仲	ISBN978-4-7972-7188-1	42,000 円
886	改正衆議院議員選擧法釋義 附 改正貴族院令,治安維持法	犀川長作、犀川久平	ISBN978-4-7972-7189-8	33,000 円
887	公民必携 選擧法規ト判決例	大浦兼武、平沼騏一郎、木下友三郎、清水澄、三浦數平	ISBN978-4-7972-7190-4	96,000 円
888	衆議院議員選擧法輯覽	司法省刑事局	ISBN978-4-7972-7191-1	53,000 円
889	行政司法選擧判例總覽―行政救濟と其手續―	澤田竹治郎・川崎秀男	ISBN978-4-7972-7192-8	72,000 円
890	日本親族相續法義解 全	髙橋捨六・堀田馬三	ISBN978-4-7972-7193-5	45,000 円
891	普通選擧文書集成	山中秀男・岩本溫良	ISBN978-4-7972-7194-2	85,000 円
892	普選の勝者 代議士月旦	大石末吉	ISBN978-4-7972-7195-9	60,000 円
893	刑法註釋 卷一～卷四(上卷)	村田保	ISBN978-4-7972-7196-6	58,000 円
894	刑法註釋 卷五～卷八(下卷)	村田保	ISBN978-4-7972-7197-3	50,000 円
895	治罪法註釋 卷一～卷四(上卷)	村田保	ISBN978-4-7972-7198-0	50,000 円
896	治罪法註釋 卷五～卷八(下卷)	村田保	ISBN978-4-7972-7198-0	50,000 円
897	議會選擧法	カール・ブラウニアス、國政研究科會	ISBN978-4-7972-7201-7	42,000 円
901	鼇頭註釈 町村制　附 理由 全	八乙女盛次、片野続	ISBN978-4-7972-6607-8	28,000 円
902	改正 市制町村制　附 改正要義	田山宗堯	ISBN978-4-7972-6608-5	28,000 円
903	増補訂正 町村制詳解〔第十五版〕	長峰安三郎、三浦通太、野田千太郎	ISBN978-4-7972-6609-2	52,000 円
904	市制町村制 並 理由書　附 直接間接税類別及実施手続	高崎修助	ISBN978-4-7972-6610-8	20,000 円
905	町村制要義	河野正義	ISBN978-4-7972-6611-5	28,000 円
906	改正 市制町村制義解〔帝國地方行政学会〕	川村芳次	ISBN978-4-7972-6612-2	60,000 円
907	市制町村制 及 関係法令〔第三版〕	野田千太郎	ISBN978-4-7972-6613-9	35,000 円
908	市町村新旧対照一覧	中村芳松	ISBN978-4-7972-6614-6	38,000 円
909	改正 府県郡制問答講義	木内英雄	ISBN978-4-7972-6615-3	28,000 円
910	地方自治提要 全　附 諸届願書式 日用規則抄録	木村時義、吉武則久	ISBN978-4-7972-6616-0	56,000 円
911	訂正増補 市町村制問答詳解　附 理由及追輯	福井淳	ISBN978-4-7972-6617-7	70,000 円
912	改正 府県制郡制註釈〔第三版〕	福井淳	ISBN978-4-7972-6618-4	34,000 円
913	地方制度実例総覧〔第七版〕	自治館編輯局	ISBN978-4-7972-6619-1	78,000 円
914	英国地方政治論	ジョージ・チャールズ・ブロドリック、久米金彌	ISBN978-4-7972-6620-7	30,000 円

別巻　巻数順一覧【843 ～ 877 巻】

巻数	書名	編・著者	ISBN	本体価格
843	法律汎論	熊谷直太	ISBN978-4-7972-7141-6	40,000 円
844	英國國會選擧訴願判決例 全	オマリー、ハードカッスル、サンタース	ISBN978-4-7972-7142-3	80,000 円
845	衆議院議員選擧法改正理由書 完	内務省	ISBN978-4-7972-7143-0	40,000 円
846	戇齋法律論文集	森作太郎	ISBN978-4-7972-7144-7	45,000 円
847	雨山遺稾	渡邉輝之助	ISBN978-4-7972-7145-4	70,000 円
848	法曹紙屑籠	鷺城逸史	ISBN978-4-7972-7146-1	54,000 円
849	法例彙纂 民法之部 第一篇	史官	ISBN978-4-7972-7147-8	66,000 円
850	法例彙纂 民法之部 第二篇〔第一分冊〕	史官	ISBN978-4-7972-7148-5	55,000 円
851	法例彙纂 民法之部 第二篇〔第二分冊〕	史官	ISBN978-4-7972-7149-2	75,000 円
852	法例彙纂 商法之部〔第一分冊〕	史官	ISBN978-4-7972-7150-8	70,000 円
853	法例彙纂 商法之部〔第二分冊〕	史官	ISBN978-4-7972-7151-5	75,000 円
854	法例彙纂 訴訟法之部〔第一分冊〕	史官	ISBN978-4-7972-7152-2	60,000 円
855	法例彙纂 訴訟法之部〔第二分冊〕	史官	ISBN978-4-7972-7153-9	48,000 円
856	法例彙纂 懲罰則之部	史官	ISBN978-4-7972-7154-6	58,000 円
857	法例彙纂 第二版 民法之部〔第一分冊〕	史官	ISBN978-4-7972-7155-3	70,000 円
858	法例彙纂 第二版 民法之部〔第二分冊〕	史官	ISBN978-4-7972-7156-0	70,000 円
859	法例彙纂 第二版 商法之部・訴訟法之部〔第一分冊〕	太政官記録掛	ISBN978-4-7972-7157-7	72,000 円
860	法例彙纂 第二版 商法之部・訴訟法之部〔第二分冊〕	太政官記録掛	ISBN978-4-7972-7158-4	40,000 円
861	法令彙纂 第三版 民法之部〔第一分冊〕	太政官記録掛	ISBN978-4-7972-7159-1	54,000 円
862	法令彙纂 第三版 民法之部〔第ニ分冊〕	太政官記録掛	ISBN978-4-7972-7160-7	54,000 円
863	現行法律規則全書（上）	小笠原美治、井田鐘次郎	ISBN978-4-7972-7162-1	50,000 円
864	現行法律規則全書（下）	小笠原美治、井田鐘次郎	ISBN978-4-7972-7163-8	53,000 円
865	國民法制通論 上卷・下卷	仁保龜松	ISBN978-4-7972-7165-2	56,000 円
866	刑法註釋	磯部四郎、小笠原美治	ISBN978-4-7972-7166-9	85,000 円
867	治罪法註釋	磯部四郎、小笠原美治	ISBN978-4-7972-7167-6	70,000 円
868	政法哲學 前編	ハーバート・スペンサー、濱野定四郎、渡邊治	ISBN978-4-7972-7168-3	45,000 円
869	政法哲學 後編	ハーバート・スペンサー、濱野定四郎、渡邊治	ISBN978-4-7972-7169-0	45,000 円
870	佛國商法復説 第壹篇自第壹卷至第七卷	リウヒエール、商法編纂局	ISBN978-4-7972-7171-3	75,000 円
871	佛國商法復説 第壹篇第八卷	リウヒエール、商法編纂局	ISBN978-4-7972-7172-0	45,000 円
872	佛國商法復説 自第二篇至第四篇	リウヒエール、商法編纂局	ISBN978-4-7972-7173-7	70,000 円
873	佛國商法復説 書式之部	リウヒエール、商法編纂局	ISBN978-4-7972-7174-4	40,000 円
874	代言試驗問題擬判録 全 附録明治法律學校民刑問題及答案	熊野敏三、宮城浩蔵 河野和三郎、岡義男	ISBN978-4-7972-7176-8	35,000 円
875	各國官吏試驗法類集 上・下	内閣	ISBN978-4-7972-7177-5	54,000 円
876	商業規篇	矢野亨	ISBN978-4-7972-7178-2	53,000 円
877	民法実用法典 全	福田一覺	ISBN978-4-7972-7179-9	45,000 円

別巻　巻数順一覧【810～842巻】

巻数	書　名	編・著者	ISBN	本体価格
810	訓點法國律例 民律 上卷	鄭永寧	ISBN978-4-7972-7105-8	50,000円
811	訓點法國律例 民律 中卷	鄭永寧	ISBN978-4-7972-7106-5	50,000円
812	訓點法國律例 民律 下卷	鄭永寧	ISBN978-4-7972-7107-2	60,000円
813	訓點法國律例 民律指掌	鄭永寧	ISBN978-4-7972-7108-9	58,000円
814	訓點法國律例 貿易定律・園林則律	鄭永寧	ISBN978-4-7972-7109-6	60,000円
815	民事訴訟法 完	本多康直	ISBN978-4-7972-7111-9	65,000円
816	物権法(第一部)完	西川一男	ISBN978-4-7972-7112-6	45,000円
817	物権法(第二部)完	馬場愿治	ISBN978-4-7972-7113-3	35,000円
818	商法五十課 全	アーサー・B・クラーク、本多孫四郎	ISBN978-4-7972-7115-7	38,000円
819	英米商法律原論 契約之部及流通券之部	岡山兼吉、淺井勝	ISBN978-4-7972-7116-4	38,000円
820	英國組合法 完	サー・フレデリック・ポロック、榊原幾久若	ISBN978-4-7972-7117-1	30,000円
821	自治論 一名人民ノ自由 巻之上・巻之下	リーバー、林董	ISBN978-4-7972-7118-8	55,000円
822	自治論纂 全一册	獨逸學協會	ISBN978-4-7972-7119-5	50,000円
823	憲法彙纂	古屋宗作、鹿島秀麿	ISBN978-4-7972-7120-1	35,000円
824	國會汎論	ブルンチュリー、石津可輔、讃井逸三	ISBN978-4-7972-7121-8	30,000円
825	威氏法學通論	エスクバック、渡邊輝之助、神山亨太郎	ISBN978-4-7972-7122-5	35,000円
826	萬國憲法 全	高田早苗、坪谷善四郎	ISBN978-4-7972-7123-2	50,000円
827	綱目代議政體	J・S・ミル、上田充	ISBN978-4-7972-7124-9	40,000円
828	法學通論	山田喜之助	ISBN978-4-7972-7125-6	30,000円
829	法學通論 完	島田俊雄、溝上與三郎	ISBN978-4-7972-7126-3	35,000円
830	自由之權利 一名自由之理 全	J・S・ミル、高橋正次郎	ISBN978-4-7972-7127-0	38,000円
831	歐洲代議政體起原史 第一册・第二册／代議政體原論 完	ギゾー、漆間眞學、藤田四郎、アンドリー、山口松五郎	ISBN978-4-7972-7128-7	100,000円
832	代議政體 全	J・S・ミル、前橋孝義	ISBN978-4-7972-7129-4	55,000円
833	民約論	J・J・ルソー、田中弘義、服部德	ISBN978-4-7972-7130-0	40,000円
834	歐米政黨沿革史總論	藤田四郎	ISBN978-4-7972-7131-7	30,000円
835	内外政黨事情・日本政黨事情 完	中村義三、大久保常吉	ISBN978-4-7972-7132-4	35,000円
836	議會及政黨論	菊池學而	ISBN978-4-7972-7133-1	35,000円
837	各國之政黨 全〔第1分冊〕	外務省政務局	ISBN978-4-7972-7134-8	70,000円
838	各國之政黨 全〔第2分冊〕	外務省政務局	ISBN978-4-7972-7135-5	60,000円
839	大日本政黨史 全	若林清、尾崎行雄、箕浦勝人、加藤恒忠	ISBN978-4-7972-7137-9	63,000円
840	民約論	ルソー、藤田浪人	ISBN978-4-7972-7138-6	30,000円
841	人權宣告辯妄・政治眞論一名主權辯妄	ベンサム、草野宣隆、藤田四郎	ISBN978-4-7972-7139-3	40,000円
842	法制講義 全	赤司鷹一郎	ISBN978-4-7972-7140-9	30,000円

別巻　巻数順一覧【776 ～ 809 巻】

巻数	書　名	編・著者	ISBN	本体価格
776	改正 府県制郡制釈義〔第三版〕	坪谷善四郎	ISBN978-4-7972-6602-3	35,000 円
777	新旧対照 市制町村制 及 理由〔第九版〕	荒川五郎	ISBN978-4-7972-6603-0	28,000 円
778	改正 市町村制講義	法典研究会	ISBN978-4-7972-6604-7	38,000 円
779	改正 市制町村制講義 附 施行諸規則 及 市町村事務摘要	樋山廣業	ISBN978-4-7972-6605-4	58,000 円
780	改正 市制町村制義解	行政法研究会、藤田謙堂	ISBN978-4-7972-6606-1	60,000 円
781	今時獨逸帝國要典 前篇	C・モレイン、今村有隣	ISBN978-4-7972-6425-8	45,000 円
782	各國上院紀要	元老院	ISBN978-4-7972-6426-5	35,000 円
783	泰西國法論	シモン・ヒッセリング、津田真一郎	ISBN978-4-7972-6427-2	40,000 円
784	律例権衡便覽 自第一冊至第五冊	村田保	ISBN978-4-7972-6428-9	100,000 円
785	檢察事務要件彙纂	平松照忠	ISBN978-4-7972-6429-6	45,000 円
786	治罪法比鑑 完	福鎌芳隆	ISBN978-4-7972-6430-2	65,000 円
787	治罪法註解	立野胤政	ISBN978-4-7972-6431-9	56,000 円
788	佛國民法契約篇講義 全	玉乃世履、磯部四郎	ISBN978-4-7972-6432-6	40,000 円
789	民法疏義 物權之部	鶴丈一郎、手塚太郎	ISBN978-4-7972-6433-3	90,000 円
790	民法疏義 人權之部	鶴丈一郎	ISBN978-4-7972-6434-0	100,000 円
791	民法疏義 取得篇	鶴丈一郎	ISBN978-4-7972-6435-7	80,000 円
792	民法疏義 擔保篇	鶴丈一郎	ISBN978-4-7972-6436-4	90,000 円
793	民法疏義 證據篇	鶴丈一郎	ISBN978-4-7972-6437-1	50,000 円
794	法學通論	奥田義人	ISBN978-4-7972-6439-5	100,000 円
795	法律ト宗教トノ關係	名尾玄乘	ISBN978-4-7972-6440-1	55,000 円
796	英國國會政治	アルフユース・トッド、スペンサー・ヲルポール、林田龜太郎、岸清一	ISBN978-4-7972-6441-8	65,000 円
797	比較國會論	齊藤隆夫	ISBN978-4-7972-6442-5	30,000 円
798	改正衆議院議員選擧法論	島田俊雄	ISBN978-4-7972-6443-2	30,000 円
799	改正衆議院議員選擧法釋義	林田龜太郎	ISBN978-4-7972-6444-9	50,000 円
800	改正衆議院議員選擧法正解	武田貞之助、井上密	ISBN978-4-7972-6445-6	30,000 円
801	佛國法律提要 全	箕作麟祥、大井憲太郎	ISBN978-4-7972-6446-3	100,000 円
802	佛國政典	ドラクルチー、大井憲太郎、箕作麟祥	ISBN978-4-7972-6447-0	120,000 円
803	社會行政法論 全	H・リョースレル、江木衷	ISBN978-4-7972-6448-7	100,000 円
804	英國財産法講義	三宅恒徳	ISBN978-4-7972-6449-4	60,000 円
805	國家論 全	ブルンチュリー、平田東助、平塚定二郎	ISBN978-4-7972-7100-3	50,000 円
806	日本議會現法 完	増尾種時	ISBN978-4-7972-7101-0	45,000 円
807	法學通論 一名法學初歩 全	P・ナミュール、河地金代、河村善益、薩埵正邦	ISBN978-4-7972-7102-7	53,000 円
808	訓點法國律例 刑名定範 卷一卷二 完	鄭永寧	ISBN978-4-7972-7103-4	40,000 円
809	訓點法國律例 刑律從卷 一至卷四 完	鄭永寧	ISBN978-4-7972-7104-1	30,000 円

巻数	書　名	編・著者	ISBN	本体価格
741	改正 市町村制詳解	相馬昌三、菊池武夫	ISBN978-4-7972-6491-3	38,000 円
742	註釈の市制と町村制　附 普通選挙法	法律研究会	ISBN978-4-7972-6492-0	60,000 円
743	新旧対照 市制町村制 並 附属法規〔改訂二十七版〕	良書普及会	ISBN978-4-7972-6493-7	36,000 円
744	改訂増補 市制町村制実例総覧 第１分冊	田中廣太郎、良書普及会	ISBN978-4-7972-6494-4	60,000 円
745	改訂増補 市制町村制実例総覧 第２分冊	田中廣太郎、良書普及会	ISBN978-4-7972-6495-1	68,000 円
746	実例判例 市制町村制釈義〔昭和十年改正版〕	梶康郎	ISBN978-4-7972-6496-8	57,000 円
747	市制町村制義解　附 理由〔第五版〕	櫻井一久	ISBN978-4-7972-6497-5	47,000 円
748	実地応用町村制問答〔第二版〕	市町村雑誌社	ISBN978-4-7972-6498-2	46,000 円
749	傍訓註釈 日本市制町村制 及 理由書	柳澤武運三	ISBN978-4-7972-6575-0	28,000 円
750	鼇頭註釈 市町村制俗解　附 理由書〔増補第五版〕	清水亮三	ISBN978-4-7972-6576-7	28,000 円
751	市町村制質問録	片貝正晉	ISBN978-4-7972-6577-4	28,000 円
752	実用詳解町村制 全	夏目洗藏	ISBN978-4-7972-6578-1	28,000 円
753	新旧対照 改正 市制町村制新釈　附 施行細則及執務條規	佐藤貞雄	ISBN978-4-7972-6579-8	42,000 円
754	市制町村制講義	樋山廣業	ISBN978-4-7972-6580-4	46,000 円
755	改正 市制町村制講義〔第十版〕	秋野沆	ISBN978-4-7972-6581-1	42,000 円
756	註釈の市制と町村制 市制町村制施行令他関連法収録〔昭和4年4月版〕	法律研究会	ISBN978-4-7972-6582-8	58,000 円
757	実例判例 市制町村制釈義〔第四版〕	梶康郎	ISBN978-4-7972-6583-5	48,000 円
758	改正 市制町村制解説	狭間茂、土谷覺太郎	ISBN978-4-7972-6584-2	59,000 円
759	市町村制註解 完	若林市太郎	ISBN978-4-7972-6585-9	22,000 円
760	町村制実用 完	新田貞橘、鶴田嘉内	ISBN978-4-7972-6586-6	56,000 円
761	町村制精解 完　附 理由 及 問答録	中目孝太郎、磯谷郡爾、高田早苗、両角彦六、高木守三郎	ISBN978-4-7972-6587-3	35,000 円
762	改正 町村制詳解〔第十三版〕	長峰安三郎、三浦通太、野田千太郎	ISBN978-4-7972-6588-0	54,000 円
763	加除自在 参照条文　附 市制町村制　附 関係法規	矢島和三郎	ISBN978-4-7972-6589-7	60,000 円
764	改正版 市制町村制並ニ府県制及ビ重要関係法令	法制堂出版	ISBN978-4-7972-6590-3	39,000 円
765	改正版 註釈の市制と町村制 最近の改正を含む	法制堂出版	ISBN978-4-7972-6591-0	58,000 円
766	鼇頭註釈 市町村制俗解　附 理由書〔第二版〕	清水亮三	ISBN978-4-7972-6592-7	25,000 円
767	理由挿入 市町村制俗解〔第三版増補訂正〕	上村秀昇	ISBN978-4-7972-6593-4	28,000 円
768	府県制郡制註釈	田島彦四郎	ISBN978-4-7972-6594-1	40,000 円
769	市制町村制傍訓 完　附 市制町村制理由〔第四版〕	内山正如	ISBN978-4-7972-6595-8	18,000 円
770	市制町村制釈義	壁谷可六、上野太一郎	ISBN978-4-7972-6596-5	38,000 円
771	市制町村制詳解 全　附 理由書	杉谷庸	ISBN978-4-7972-6597-2	21,000 円
772	鼇頭傍訓 市制町村制註釈 及 理由書	山内正利	ISBN978-4-7972-6598-9	28,000 円
773	町村制要覧 全	浅井元、古谷省三郎	ISBN978-4-7972-6599-6	38,000 円
774	府県制郡制釈義 全〔第三版〕	栗本勇之助、森惣之祐	ISBN978-4-7972-6600-9	35,000 円
775	市制町村制釈義	坪谷善四郎	ISBN978-4-7972-6601-6	39,000 円